青春文庫

「その関係」は あなたが思うほど悪くない

人づきあいがラクになる「禅」の教え

枡野俊明

青春出版社

はじめに

人は誰でも悩みを抱えながら生きています。その中味は千差万別、人それぞれで違いますが、〝悩みの元〟になっているのは、ほとんどが人間関係、人づきあいなのではないでしょうか。

会社の同僚や上司、友人、恋人、家族など、私たちはかたちの違ったたくさんの人間関係に取り巻かれています。それらはいつも円滑にいくとはかぎりません。それどころか、気持ちが行き違ったり、ぶつかったり、おたがいを傷つけ合ったり、といったことがつねに起こるものなのです。

そして、そのつど、不平不満を感じたり、怒りを覚えたり、落ち込んだり、哀しくなったり、苦しんだりするのではありませんか？　しかも、厄介《やっかい》なのは、「その関係」を断ち切ること、その人から離れることが、容易にはできないことです。

上司との折り合いが悪いから躊躇《ちゅうちょ》なく会社を辞める、友人の言葉に傷ついたから長年培《つちか》ってきた友情をあっさり捨てる、恋人に不満だからすぐに恋に終止符を打つ……。そんなことができますか？　まして血縁でつながった家族との関係は、否応なく、生涯つづいていくのです。

「そうだとしたら、もう、どうにもならないのでは」

そう簡単に決めつけないでください。あなたを悩ませている「その関係」を、あらためて見つめ直してほしいのです。もちろん、いまのままの見方、考え方では、同じようにしか見えないでしょう。

違った〝視点〟が必要です。どんな視点か？——「禅」です。

禅というとあまり馴染《なじ》みがないと感じる人が少なくないかもしれません。しかし、禅はけっして日常生活から離れたところにあるわけではないのです。むしろ、日常生活にピタリと寄り添ってある、といってもいい。言葉を換えれば、日常のあらゆる状況に活かせるのが、禅の知恵なのです。

禅の考え方、知恵で「その関係」を見直してみると、見え方がまったく違ってきます。それまで見えなかったものが見えてくる。それまで気づかなかったことに気づく。そこに禅の本質、真骨頂があるからです。

新たな発見や気づきはあなたに大きな変化をもたらすでしょう。

それまでは、つらくあたっているとしか感じられなかった上司の言葉も、「おや、これって、案外、励ましてくれている？」と受けとめられるようになる。ときにうっとうしく思えた友人のふるまいにも深い友情を感じられるようになる。素っ気なさが不満だった恋人の態度にこもっていた、やさしさやあたたかさがわかるようになる。しがらみでしかないと思っていた家族のありがたさが伝わってくる……。

そんな変化は「その関係」が思っているほど「悪くない」ものだということを、実感させてくれるはずです。それはそのまま、人づきあいの悩みから離れることではありませんか？

禅の考え方、知恵が凝縮されているのが「禅語」です。本書ではさまざまな禅語をやさしく読み解きながら、人づきあいの実践的なヒントを探ることにつとめました。

ページを繰るあいだに、心に重くのしかかっていた悩み、気持ちを塞《ふさ》いでいた悩み、気分を落ち込ませていた悩みから、どんどん離れていくあなたを感じることになるでしょう。

さあ、早速、悩みの元だった「その関係」を、「悪くない」ものにしてしまってください。

合掌

平成二五年一一月吉日　建功寺にて　枡野俊明

「その関係」はあなたが思うほど悪くない●目次

1

「その関係」はあなたが思うほど悪くない
人とのつながりを深める章

2 「損得」を手放せば、うまくいく
仕事に振り回されなくなる章

3 「出会ったこと」にこそ意味がある

縁を育む恋愛・結婚の章

4 離れられないなら、悩み方を変えればいい

家族と向き合う絆の章

5 「ひとり」、だけど「孤独」ではない

ありのままの自分を生きる章

本文デザイン・DTP　センターメディア
編集協力　コアワークス

1

「その関係」はあなたが思うほど悪くない

人とのつながりを深める章

1

言葉を飾る必要なんてない

【露《ろ》堂《どう》々《どう》】

●腹を割って話していますか

どこかの政治家の例を持ちだすまでもなく、言葉が軽く上滑りしているのがこの時代です。テレビをつけたらウケ狙い、その場しのぎの会話ばかりですし、日常生活でも表面的な会話が横行している気がします。

それが、人間関係が薄っぺらで、なかなか心が通い合うつきあいができない、ということの背景にもなっているのでしょう。おたがいが腹を割り、心を露《あら》わにして話すということがなければ、理解し合うこともできないし、信頼で結ばれることもありません。どこにも隠すところがなく、取り繕うこともしないで、ありのままの自然な姿（それが真実の姿でもある）が現れていることを示すのが「露堂々《ろどうどう》」という禅語。

まず、あなたから心を露わにし、その自然な心からわき上がってくる言葉で語りかけてみてください。相手の心深くに響くのは、格好よく飾り立てた言葉ではなく、素の心を感じさせる言葉です。

2

人は「人」で磨かれる

清風拂明月《せいふうめいげつをはらい》　明月拂清風《めいげつせいふうをはらう》

●相手のために何ができるのか

人とうまくかかわれない。そんな人が少なくないと聞きます。原因は、相手を立てなければと自分を押さえてみたり、自分をわかってもらおうと相手に立ち入りすぎたり…といったことにあるのではないでしょうか。そして、いったん躓《つまず》くと「独りのほうがいい」と人づきあいを避けるようになる。

この禅語が教えるのは、**人はつきあいのなかで生かされ、また、相手を生かすこともできるのだ**、ということです。大勢でなくていい、一人か二人、この清風と明月のような間柄の友人を持つことが大事。一緒にいると気持ちが安らぐ、余計な気を使わなくてすむ、さらに、おたがいに生かし合っていると感じる…。そんな相手がいるはずです。いなかったら、これからつくっていけばいい。**必要なのは、相手のために何かできないかを考える、というただその一点。**それが、相手のなかに自分を生かすこと、自分のなかに相手を生かすことにつながっていくのです。

3

「言葉」だけに頼らない

面授《めんじゅ》

●「メールで連絡」が当たり前になっていませんか

昨今、気になるのが電車内で携帯メールをしている人があまりにも多いことです。相手の都合を考えずに送信でき、こちらの都合のいいときに受信・返信すればいい、というのはたしかに便利。直接かかわる煩《わずら》わしさがないのも、コミュニケーションにはうってつけということなのかもしれません。

ただし、所詮は道具だということを忘れてはいけません。事務的な連絡には使い勝手がよくても、自分の思いや気持ちなど、大切なことを伝えるには、不向きです。

道元禅師《どうげんぜんじ》は「面授《めんじゅ》」、すなわち、教えは師と弟子が直接向き合って、伝え授けることが重要だ、と説いています。文字から視覚的に伝わることには限界がある。**表情の陰影や声の調子、ふるまいや仕草が、言葉（文字）以上に思いや気持ちを正しく伝えるのだ、**ということは知っておいてください。

あなたが思いや気持ちを伝えたいのは、相手の目にですか？　それとも、心にですか？

4

「いいたいこと」より「いってもらいたいこと」を伝える

愛語《あいご》

●悩んでいる友人にどんな言葉をかけたらいい？

〝若者言葉〟〝ギャル語〟などに象徴されるように、言葉がぞんざいに扱われ、表現力も乏しくなっているのが現代。自分では気づかぬうちに言葉で相手を傷つけてしまうことが少なくありません。もちろん、自覚があればすぐに謝ることですが、ふだんから言い方に気を配っておくことも、求められる姿勢です。禅では「愛語《あいご》」、つまり、相手を思いやったやさしい言葉を使うのがいいとしています。

そのときの相手の立場や状況、気持ちの有り様などによって、かけるべき言葉は違ってきます。同じ励ますのでも、単刀直入な「頑張れ」がいいときもあれば、「話を聞かせて」がいい場合もある。あるいは、「きょうは飲もう！」のひと言に相手がいちばん励まされることもあるでしょう。

言葉には力があります。ですから、**自分がいいたいことをすぐ言葉にするのではなく、口にだす前にひと呼吸おいて、相手がいま、どんな言葉を欲しているかを考える。**すると、愛語が見つかります。

5

言葉を超えて、心と心でわかり合う

以《い》心《しん》伝《でん》心《しん》

●「大切なこと」を伝える方法

かつてはごく一般的に使われていた「以心伝心《いしんでんしん》」という言葉ですが、昨今の若者世代には何のことやらチンプンカンプン、という印象かもしれません。心を以て、心に伝える。言葉を介さなくても、伝えたいことが相手に伝わる、おたがいに理解し合えることをいったのが、この禅語です。

人間関係を結んでいる人、とりわけ親しい人とは「わかり合いたい」と願うものですが、わかり合っている関係の究極の姿が、この以心伝心が成り立つ関係といっていいのではないでしょうか。

禅では「悟り」や「真理」など、本当に大切なことは文字や言葉にならない、と考えます。禅僧は師匠について修行を重ねます。しかし、悟りや真理について、師匠が言葉で「悟りとはこういうものだ」「これが真理だ」と教えることはありません。いや、言葉にすることができないのです。

また、仏典も同じ。仏典に書いてある文字からいくら学んでも、悟りや真理にたどり着くことはできない、というのが禅の風光なのです。「不立文字《ふりゅうもんじ》 教《きょう》外別伝《げべつでん》」はそのことをいったものです。不立文字、「文字を立てず」とは文字にできない、文字にしても伝えられない、ということです。教外別伝、「教えの外に伝えるものがある」とは仏典・教典とは別に伝えられるものが大切である、ということです。

悟りや真理は、自分がとことんまで修行してつかみとる、感じとるほかはないのです。師匠は弟子がその境地に到ったとみたとき、「あぁ、それじゃな」と頷くだけです。

職人の世界にも同じような感覚があります。師匠が会得している匠の技は、決して言葉で伝えることはできません。長いあいだ師匠の一挙手一投足を心を込めて見つめつづけ、みずから研鑽《けんさん》を積んでいく。そんななかで、ふとあるとき、ストンと胸に落ちるものがある。すぐれた技が伝わるとは、そんなことだと思うのです。まさに、言葉を介さず、心から心へと大切なものが伝わっていく姿でしょう。おたがいが言葉を超えてわかり合っている世界がそこにある、といってもいい。

みなさんにも、心にあふれている思いや気持ちを言葉にしたとき、「どこか違うな。そういうことじゃないんだけどなぁ…」と感じたことはありませんか？　言葉をつなげばつなぐほど、饒舌《じょうぜつ》に語ろうとすればするほど、その言葉が思いや気持ちから離れていくという感じになったことは、誰にでもあるはずです。

本当に大切なことは言葉では伝わらないのです。その一方で、親友でも恋人でもいい、**言葉を尽くしているわけではないのに、相手の思いをすっと心で受けとめられた感じがした、という経験もあるはずです。**「わかり合えた」という気持ちになるのは、おそらくそんな瞬間です。おたがいに信じ合える関係でなければ、そうしたことは起こりません。信じ合える関係になるには、まず、自分が相手を信じきることです。相手のすべてを無条件に心で受けとめる、といってもいいかもしれません。

ただし、条件がひとつあります。信じきっていい相手かどうかを見抜く眼力を持つというのがそれです。どんなつきあいもおざなりにせず、真摯《しんし》に相手と向き合っていく。眼力を磨くにはそれしかありません。

6

まず、自分が約束を守る

主客一如《しゅきゃくいちにょ》

●信頼とは、積み重ねていくもの

心の底から信じられる人がいない、自分を信じてくれる人との出会いがない…。そう感じている人が少なくないかもしれません。信じるのも、信じてもらうのも、土壌となるのは同じような考え方や価値観のうえで暮らしている、それらを共有している、ということではないでしょうか。まったく価値観がかけ離れていては、おたがいに信じる対象にはなりえません。

その土壌があるから、おたがいの言動を理解できる。それが信頼の第一歩でしょう。そのうえで信じてもらうために何が必要か？　答えはきわめてシンプルなところにある、と私は思っています。**〝約束は必ず守る〟こと。大事なものは素朴で当たり前のことのなかにあるものです。**

その姿勢を貫いていると、確実に信頼が積み重なっていきます。そうして積み重ねた、おたがいの信頼の先に、相手の喜びを自分のものと感じ、悲しみや痛みをともに耐える、という「主客一如《しゅきゃくいちにょ》」の関係があるのです。

7

自分の非は素直に認める

【身心一如《しんじんいちにょ》】

●後腐れない謝り方とは

どんなつきあいでも、ちょっとした気持ちの行き違いから、関係がこじれてしまう、といったことがあります。悪いのは自分だと気づいても、なかなかすぐには謝れないものです。謝るのは、体裁が悪かったり、恥ずかしかったりする。それで後ろめたさをいつまでも引きずってしまうことになるのではありませんか？

思い立ったが吉日。すぐに行動するのがコツです。謝る機会を先延ばしにしたら、後ろめたさはどんどん重くなってきます。

「たしかに自分が悪かった。でも、彼にも…」と**相手の非を探すなんてことをしないで、悪かった自分を素直に認めてしまうこと**です。

「身心一如《しんじんいちにょ》」、体（行動）と心は一体ですから、心の底から悪いと思ったら、バツの悪さなど感じることなく、「ごめんなさい」が自然に口をついてでるはずです。それがおたがいの関係を新たなよい展開にすすめていくのは、いうまでもないでしょう。

8

面倒なことから逃げださない

八風吹不動《はっぷうふけどもどうぜず》

●いいときも悪いときも楽しむ

仏教には諸行無常《しょぎょうむじょう》という言葉があります。この世の中のあらゆるものはつねに移ろっていて、一瞬たりともとどまってはいない、ということですね。人間関係もいったん築かれたら、その状態がいつまでもつづくなんてことはない。さまざまに変化しながら動いていくわけです。そこで、仲のよい友人の行為がときには、迷惑に感じるということがあるかもしれません。親切心からしてくれているらしいことはわかっているのですが、どうにも「うっとうしい！」。

さて、こんな状況、あなたはどう考え、どう対応しますか。たとえば、迷惑するのはかなわないから、しだいに距離を置いていって疎遠な関係にしてしまう、という対応もあるでしょう。

それで、その友人から迷惑を被ることはなくなりますが、同時に友人を一人失うことにもなります。そんなことを繰り返していけば、いつか周囲には誰も友人と呼べる存在がいなくなってしまう、といったことにもなりかねない、と思うのです。

禅には「八風」という言葉があります。良い風が四つ、悪い風が四つで、前者は「利《り》」「誉《よ》」「称《しょう》」「楽《らく》」、後者は「衰《すい》」「毀《き》」「譏《き》」「苦《く》」です。利は成功すること、誉は蔭で褒めること、称は表だって褒めること、楽は文字どおり、楽しいこと。一方、衰は失敗すること、毀は蔭で誹《そし》ること、譏は表だって誹ること、そして、苦は苦しいことですね。私たちはこの八つの風に吹かれながら生きています。いつ、どの風が吹いてくるかわからないし、さらされる風によって感情もさまざまに変化します。成功したり、褒められたり、という良い風が吹けば楽しい感情を持ちますし、失敗や誹りを受けるなど悪い風に吹かれたらいやな感情を抱くことになる。

人間関係も同じ。そのときどきで八風にさらされるのです。友情をありがたく感じるのは良い風が吹いているときですし、迷惑するのは悪い風が吹いているときだ、といっていいでしょう。

問題は悪い風のなかにいるとき。禅語は「八風吹不動《はっぷうふけどもどうぜず》」と教えています。つまり、**どんな風が吹こうと、いたずらに気持ちをぐらつかせたりせず、どっし**

りとかまえていなさい、というのです。さらにいえば、**良い風であろうと、悪い風であろうと、それを楽しむのがいい**、とするのがこの禅語のいわんとするところなのです。すべての風を楽しむ心の広さ、しなやかさを持ちなさい、ということですね。

たとえば、迷惑だと感じて「うっとうしい、いやだな」と思ってしまえば、到底、楽しむことなどできません。しかし、その状況を〝これも新しい経験〟、あるいは〝得がたい経験〟と受けとめたらどうでしょう。人生は経験の積み重ねであり、経験には何ひとつ無駄ということがありません。

「あっ、こういうこともあるのか」というふうに経験としてとらえたら、自分を育てる糧《かて》にもなるはずですし、友人の違った面を冷静に受け入れることができて、より深く相手を知ることにもなります。これなら、楽しさにつながっていきませんか？　もちろん、堪え難い迷惑がつづくようなら、率直にその気持ちを伝えたらいい。こちらの思いを相手に気づいてもらうことも、いい関係をつなげていくとても大切な要素です。

9

お金を貸すほうにも心構えがいる

慈眼《じげん》

●借金で仲違いしないために

人間関係でいちばん注意が必要なのはお金の貸し借りです。たった一度のお金をめぐるトラブルで、長くつづいていた友人関係が壊れてしまうといったことが、世間にはいくらでもあります。できれば人間関係にお金は持ち込まないほうがいい。

ただし、本当に切羽詰まって、やむにやまれず、友人にお金の援助を頼まざるをえないというケースもあります。相手が大切な友人であれば、「慈眼《じげん》」が必要かもしれません。

慈眼は〝菩薩の眼〟です。人々を慈しみの心で見つめ、すべての人々を救おうとするのが菩薩。この友人なら返ってこなくてもいい、という気持ちで用立ててあげるのもひとつの道だと思います。

返済がとどこおったとしても、相手が窮状を救われたという心からの感謝の思いを持ちつづけていれば、それはこちらにも伝わってきます。感謝は慈眼への返答。それを感じていれば、友人関係が壊れることはありません。

10

親切の見返りを期待しない

【花《はな》無心《むしん》にして招蝶《ちょうをまねき》　蝶《ちょう》無心《むしん》にして尋花《はなをたずぬ》】

●助け合いのあるべき姿

東日本大震災が契機となって、日本人の誰もが「助け合う」ということについて考えるようになったと思います。この禅語は良寛《りょうかん》さんがいったものですが、花はただ一所懸命に咲くことだけに集中している、蝶は宙を舞いながら蜜を吸って生きることに専心している。どちらも無心に自分の本分（本来の姿）をまっとうしていながら、自然のうちに、花は蝶に蜜を与え、蝶は花の花粉を運ぶ、という役割を担っています。

これが助け合いの真髄《しんずい》です。「誰かを助けてやろう」という思いから行動すると、どこかで見返りを期待する気持ちが起こります。助けてやったのだから、何ごとか自分にもしてくれていいはずだとなりませんか？　これは邪念です。言葉は悪いですが、欲得づくの行動といわれても致し方なし。**自分が何かに無心で一所懸命に取り組むことが、結果的に誰かの助けになる、一所懸命になっている誰かの行動が、結果として自分を助けてくれている。**それが純粋で最高の「助け合い」ということでしょう。

11

見えないつながりに感謝する

南山打鼓北山舞《なんざんにつづみをうてばほくざんにまう》

●あなたは本当に「孤独」ですか

私たちは人とのつながりのなかで生きています。ところが、その生きるうえでいちばん基本的なことを、実感できなくなっているのが現代といえるかもしれません。周囲を見渡してみても、「彼（彼女）とは心でつながっているなぁ」といえる相手がいない、という人が少なくないのではないでしょうか。

禅語の「南山鼓打北山舞《なんざんにつづみをうてばほくざんにまう》」は、文字どおり、つながりの真髄をいったものです。南山、北山は中国の西湖という湖を挟んで聳《そび》え立っている二つの山。その南山で師が鼓を打ったら、遠く距離を隔てた北山で弟子が舞うというのです。

もちろん、師が打つ鼓の音が弟子に聞こえるはずはありません。しかし、弟子はそれをしっかり感じ、鼓に合わせて舞うことができる。言葉はいうまでもなく、音さえも介さずに、師弟のあいだには心が通じている、それほど固い絆でつながっている、ということですね。

禅にはこのようなつながりを示すエピソードがいくつもあります。つながっていることを感じて生きる。そのことを重んじるからでしょう。

日本人は伝統的に人と人のつながりを大切にしてきました。東日本大震災が起きてからの日々で、それを目の当たりにした、と感じた人は少なくなかったはず。放射能被害も重なって、外国人が次々に日本を脱出するなかで、日本人の思いは一斉に被災地に注がれました。

「みんなで頑張ろう」。実際に何をするかはそれぞれですが、誰もがそんな気持ちになったのは、日本人として深いところでつながっているからですね。知り合いの外国人は私にこんな話をしました。

「あんな状況になったら、泥棒する人もいるだろうし、治安が悪くなって当然。それなのに被災地の人たちは、心をひとつにして暮らしている。こんなことは外国ではありえない。それが不思議で、不思議で…」

心をひとつにしたのは、被災地の人たちだけではありません。それは日本人に共通する精神風土ですし、道徳観でもあると思います。

いま、つながりが感じられず、孤独感に陥っているなら、こう考えたらどうでしょうか。**命をもらってこうして生きているのは、遠いご先祖様から営々と**

命がつながれてきたからだ。顔は見たことがないですが、そうしたご先祖様たちのお蔭で、いまの自分がいる。食事にしたって、その食材をつくってくれた人、商品として出荷してくれた人、運んでくれた人、スーパーならスーパーで売ってくれた人、調理をしてくれた人…という大勢の見えない人たちのお蔭で自分の口に入る。

命をはじめ、何もかもが〝お蔭様〟で成り立っているのです。**独りで生きている、誰ともつながっていないなんて、独りよがり以外の何ものでもありません。**お蔭様に思いを馳せ、感謝の気持ちを持ったら、つながりが感じられないはずはないのではありませんか？

お蔭様の心を持って生きる、誰とでもお蔭様の心で接することが大切ですね。それがあれば、たしかなつながりを実感できるときが必ずやってきます。そして、つながりはどんどん深まっていく。お蔭様を忘れず、安心して生きていればいい。

12

「励ます」よりも「寄り添う」

【無《む》一《いち》物《もつ》中《ちゅう》無《む》尽《じん》蔵《ぞう》】

●悲しみの底にいる人にかける言葉

東日本大震災では大勢の人が悲しみの底に沈みました。大切な人を失ったり、仕事を失ったり…。悲しみがいつやってくるかわからないのが人生です。親しい人がその状況に置かれている。さぁ、どんな言葉をかけるか、関係性を問われる場面です。

禅では人間は本来何ひとつ持たない、何も備わっていない（無一物《むいちもつ》の）存在だと説きます。しばらくのあいだは失ったものの大きさに打ちひしがれるのは仕方がないことでも、原点に立ち戻れば、失うものなど何もないのが正味の人間の姿です。言葉を換えれば、何もないから無限の可能性がある（無尽蔵《むじんぞう》）。何にでもなれますし、何でもできるのです。

そこに気づけば、もう一度生まれ変わったつもりで、すべてに真摯に取り組むことができるのではないでしょうか。**深い悲しみにあるときは、ありふれた慰《なぐ》めや励《はげ》ましの言葉より、そんな人間の〝本質論〟が心にしみいるもの。**ともに「人間って何だろう?」と語ってみませんか?

13

縁を選ぶことは人生を選ぶこと

【本来面目《ほんらいのめんもく》】

●つきあう人で人生は変わっていく

人間は純粋無垢なまっさらな心を持って生まれてきます。それが終生変わらない本来の姿なのです。

しかし、成長とともにさまざまな経験をくぐり抜け、人はたくさんの縁を結んでいきます。人生には、良縁もあれば、悪縁もある。それらの縁によって、私たちの心に煩悩や執着、邪念や妄想といったものがまとわりついたり、あるいは、逆に拭い去られたりするのです。

縁が人生の舵取りをしている、といってもいいでしょう。まとわりつくものが多ければ、本来の姿はそのなかに埋もれてしまう。私は〝心のメタボ〟といっているのですが、ときにそれが悪しき人間のほうに大きく舵をきることがあるのだと思います。

心に善悪はなくても、現実に、善いことをする人間もいて、一方で悪いことをする人間もいるのは、そうした作用によるのではないでしょうか。**悪縁を断ちきり、良縁を結ぶこと**が、何より大事です。

2

「損得」を手放せば、うまくいく

仕事に振り回されなくなる章

14

上手に話そうと思わない

随《ずい》処《しょ》快《かい》活《かつ》

●どうすれば話下手を克服できるのか

コミュニケーションの中心が携帯メールという時代だからか、相手と面と向かって話すのが苦手な人が、増えているようです。話すことに慣れていないという点にいちばんの問題があるのは明々白々ですが、話そうとするときの心の有り様、持ち方といったことにも少し目を向けるべきだ、と私は思っています。

上手に話そう、自分の価値を高めるように話そう、ビジネスの場面なら、なんとか相手をこちらのペースに引き込むように話そう、といった気持ちが心にはたらく。それが会話をギクシャクさせる、あるいは、会話がつながらない大きな原因になっている気がするのです。**会話で大切なのは、いかに自分の心を伝えるかではありませんか？**　心と裏腹なことをどれほど巧みに語ったとしても、それは空しい会話でしかない、と思うのですが、どうでしょうか。

禅語「随処快活《ずいしょかいかつ》」は、心のこだわりが消えると、快活自在に会話ができるという意味です。いつでも心を伝える、心から自分を表現することにつとめる。すると、自然な自分が現れてきて、会話は自在に流れていくものです。

15

心にもないお世辞は いわないほうがマシ

【雲《くも》無《む》心《しん》

●褒め上手になるちょっとしたコツ

ビジネスの世界には「お世辞のひとつくらいいえなくちゃ、一人前のビジネスマンとはいえない」といったこともあるようです。事実、営業畑にいる人などからは、得意先に対しては「もう、太鼓持ち《たいこも》ちに徹しています」なんて声も聞こえてくる。

たしかに、お世辞が人間関係の潤滑油になるということはあるのでしょう。持ち上げられれば悪い気持ちはしないのが人間です。その結果、商談がスムーズにすすむということにもなるわけですね。

プライベートな場面でも、赤ちゃん連れのご近所さんに会ったときには、「わぁ、かわいい！」のひと言くらいはいうのが、おつきあいの〝常識〟ということになるのかもしれません。

そんな世間で生きていれば、「お世辞がいえない」ことが悩みになったりすることもありそうです。お世辞をうまく使いこなす上司や同僚がうらやましい、と感じたりもする。しかし、お世辞をうまくいえるようになろう、と考えるのはちょっと方向が違うのではないか、と思うのです。

心にもないお世辞は、おべっかにも、へつらいにも、おもねりにもなります。いくらビジネスのツールになるとはいえ、それをいっている自分がいつか苦しくなってくるはずです。本来の自分らしさを押し隠し、自然体の自分を押さえつけているのですから、当然です。

雲を見てください。空に浮かぶ雲は、悠々とした姿で、風にまかせきって、かたちをさまざまに変えながら流れていきます。かたちにも流れゆく方向にも、いっさいこだわることなく、雲であることをまっとうしています。本源的な自由がそこにある、といってもいいでしょう。

自分をまっとうすることこそ、自由であるということです。禅語の「雲《く》無《む》心《しん》」はそのことを教えています。自分をまっとうするとは、心にまかせきることです。〝心にもない〟ことなら、いう必要もないし、いわないほうがいいのです。

だいいち、**とってつけたようなお世辞は、必ず、相手に見透かされるし、か**

えって信頼感を失うことにつながります。〝ツール〟も使い方をまちがえると、手痛いしっぺ返しを食らうということですね。

だったら、心にまかせて素直に相手に向き合ったらいい。本当に仕事の実力があると感じたら、率直にそれを言葉にすればいいし、人間的に魅力があると思ったら、そのことをそのまま伝えればいいのです。

自分の心にまかせた自然な褒《ほ》め言葉は、おべっかやへつらいとはまったく別物です。こちらは信頼感を高めることはあっても、それを損なうことは一〇〇%ありません。もちろん、自分が苦しくなるなんてこともいっさいない。

考えてみると、私たちは他人を素直に褒める心を、案外、忘れています。計算されたお世辞はいえても、身近な人を褒めるのは、どこか自分が下になるようで、躊躇《ためら》われるところがありませんか？

そこから一歩踏みだしましょう。心にまかせきったら、「心が自由とは、こんなにラクだったんだ！」ということが実感できます。

16

好き嫌いを離れて「人」を見る

【柔軟心《にゅうなんしん》】

●嫌いな人とどうつきあうべきか

誰にでもあるのが人との相性。どうしても好きになれない、という相手が周囲にいるかもしれません。不思議なもので、いったん「あの人いやだな。嫌いだな」と思ってしまうと、いやな面だけがやたらに目につきます。嫌いだ、と決めつけている心で見るわけですから、〝えくぼもあばた〟にしか見えないのです。

心が固く硬直しています。禅は、物事を一面的に見るのではなく、やわらかい心、しなやかな心（「柔軟心《にゅうなんしん》」）をもって、多面的に見ることを教えています。

〝嫌いな人〟を見る心には見えなかったところも、好き嫌いということを離れて、〝その人〟を見る心になったら、そこには「こんな（いい）ところがあったんだ」という、気づかなかった一面が映ることがあります。

まぁ、なかにはどうしても合わない、とことん相性が悪い、ということもありますから、そのときはできるだけ避けて通る。かかわらなければ好き嫌いで悩むこともありません。

17

「苦手な人」と決めつけない

【悟無好悪《さとればこうおなし》】

●相手の「あるがまま」を認める

テレビで芸能人を見ていて、「いっつも騒がしいだけ。こんな人は苦手だな」と感じることがあるでしょう。いうまでもないと思いますが、それはキャラです。素顔の本人はいたって物静かな思索タイプの人間だったりする。

同じことが私たちの日常にもあります。仕草や話し方が気に入らない、顔や声がいやだ…。そんな感じを持つと、「あの人苦手！」ということになる。しかも、そんな印象は周囲の〝情報〟に左右されがちです。「あの話し方嫌じゃない？　感じ悪いわよね」という人の言葉によって、自分の印象もつくられてしまうことが少なくない。これは危険です。人を見る目をゆがめます。

わざわざ悪い印象を与えようと意図している人などいません。まずは、その人のあるがままを認めることです。それが「悟無好悪《さとればこうおなし》」、あるがままを認めれば、好きも嫌いもないということです。

すると、詩人・金子みすゞさんの「みんなちがって、みんないい」という感覚、わかってきませんか？

18

「気にいらない」は自分の基準にすぎない

処々全真《しょしょぜんしん》

●人の分別をやめるとラクになる

禅ではこの世の到るところに真理が現れている、と考えます。そのことをいっているのが「処々全真《しょしょぜんしん》」という禅語。大自然のなかの草木一本一本にも、生活空間のそこここにも、もちろん、人間関係のひとこまひとこまにも、真理が露わになっている。私たちはつねに真理、つまり、仏さまの姿（仏性）を目の当たりにして生きているのです。それに気づくことが大切ですね。

人間関係のなかには気に入らない相手もいるでしょう。気に入らないから、つらくあたってしまう、ということがあるかもしれない。しかし、その相手も仏性の現れそのものなのです。**気に入る、気に入らない、というのは自分の勝手な分別だということを知ってください。分別は心を縛るだけです。**

分別を捨てると、心が自由闊達《じゆうかったつ》になる。おおらかな心で生きられる、といってもいいでしょう。小さなことに取り憑かれて、「あぁ、気に入らない！」と心を乱して生きるか、「何ごとも分別せず」でゆったり生きるか、さぁ、どちらを選びますか？

19

「八方美人」より「断れる人」になる

【我無希求心《われにけぐのしんなし》】

●カドを立てずに上司の誘いを断るには

仕事が一段落したから〝一杯〟とか、ビジネスの場面では勤務時間外のつきあいも必要になります。ときには気乗りがしないこともあるでしょう。しかし、そこでこう思ったりする。「つきあっておかないと、課長に睨《にら》まれやしないか」「査定のためにもつきあっておいたほうがいいか」……。立場を悪くしたくない、評価を上げたい、など何かを期待する気持ち、求める気持ちです。これは捨てたほうがいい。**損得勘定で動いていると、いつか自分の立ち位置がわからなくなり、それに振り回されるばかりとなります。**

その反対が「我無希求心《われにけぐのしんなし》」、私には乞い願い、求める心はないという禅語です。その姿勢でいれば、断ることができる。ただし、言い方は考えましょう。「私、いいです」では大人の物言いとはいえません。「きょうは疲れてしまったので失礼します。次回はおつきあいしますね」など誘ってくれた相手を慮《おもんぱか》る心配りはすべきですね。つきあえるときはつきあう、断るときは断る、というメリハリのある態度は、八方美人でいるより、よほどさわやかだと思いませんか？

20

「厄介な相手」には気持ちを整えて臨む

【小魚呑大魚《しょうぎょだいぎょをのむ》】

●禅的セクハラ・パワハラ対処法

ビジネス上の人間関係でもっとも厄介なのがセクハラやパワハラです。立場や職権を利用した不埒な行為、不条理な行為には、なかなか効果的な対抗策が見つからないのが実情でしょう。まず、気持ちをしっかりと固めることです。そうした行為をする人間は、とるに足らないほど器が小さい、意気地《いくじ》がない卑劣漢《ひれつかん》だと決めてかかる。所詮、人間として扱う価値はないのだ、と呑んでかかればいいのです。それが「小魚呑大魚《しょうぎょだいぎょをのむ》」、小さな魚が大きな魚を呑み込むという、大小の比較を取っ払った禅の境地です。

気持ちのうえで見方を変えれば、態度やふるまいにもそれが現れますから、相手も〝シャキッと変わった〟その様子にたじろぐのではないでしょうか。

そして、相談相手を見つけることも大事。話しやすい上司でも同僚、友人でもいい、抱えている問題を共有すると、気持ちはグッと軽くなります。事態を打破する切り口も共同戦線を張れば、必ず見つかるもの。少しでも切り口ができれば、そこから一気に問題解決に走りだすことになるはずです。

21

愛のある「悪口」なら、たまにはいい

【忘機《きをぼうす》】

●「口は災いのもと」にしないために

この世でいちばん旨い酒の肴は何かと問われ、〝悪口〟と答えた人がいました。実際、酒の席には人の悪口という酒肴の一品が必ずといっていいほど登場します。しかも、これで場が一挙に盛り上がる。仏教的には、悪口はいかん、といっておくのが一応のスジですが、私は他愛のない悪口、他意のないそれなら、けっこうじゃないか、と思っています。**悪口には親愛の情という隠し味もあります。**みんなで「わははは…」と笑って、その場限りでおしまい。いいじゃないですか。

ただし、**何か思惑があっての悪口はだめです。**その人間を貶《おと》しめてやろうとか、自分の立場をよくしようとか、心にそうしたはからいがあって、悪口をいうのはもっとも卑劣な行為でしょう。「物言えば　唇寒し　秋の風」は松尾芭蕉の句ですが、いったそばから後味が悪くなり、トラブルのもとにもなるのが、はからいのある悪口です。心をはたらかせず、一切のはからいを捨てる「忘機」とつねにワンセット。悪口についてはそう考えておくといいですね。

22

損得勘定せず、どんな出会いにも感謝する

【薫風自南来《くんぷうみなみよりきたりて》　殿閣生微涼《でんかくびりょうをしょうず》

●ご縁を生かせる人、生かせない人

　禅語の意味は、南から初夏を思わせる風が吹いてくると、宮殿のなかもその風によって暑気が払われて涼しく感じられる、ということ。薫風《くんぷう》がもたらす涼しさは、まさしく縁の世界です。薫風と涼が縁で結ばれることによって、こうした現象が生じる。人と人との出会いも、縁が結ばれて実現します。世界に七〇億人を超える人間がいるなかである人と出会う。それがどれほど小さな確率か、文字どおり、天文学的といっていいでしょう。むしろ、〝奇跡〟といったほうがいいかもしれませんね。

　偶然の出会いなどはないのです。ですから、結ばれたその縁は大事にしなければいけない。**その人とつきあったら得か損か、仕事に利用できるかどうか、つきあっていると自分の評価が高まるか、低くなってしまうか…。そんな雑念や打算を持って接するのは、もっともしてはいけないこと。**私心のない素の自分で相手と向き合うことです。そこから縁は大きく育っていく。本物のつきあいが深まっていくのです。

23

先入観を持たずに人と向き合う

【月知明月秋《つきはめいげつのあきをしり》　花知一様春《はなはいちようのはるをしる》

●初対面の人とどう接するか

月は秋の夜空にくっきりと浮かぶ姿が美しいことを知っているし、花は春に咲き誇ることこそ自分の本分であることを知っています。はからい心があるわけではないのに、いや、はからい心など微塵《みじん》もないから、その時を違えることがないのです。「月知明月秋《つきはめいげつのあきをしり》　花知一様春《はなはいちようのはるをしる》」、みごとに縁が結ばれた姿です。

自然の摂理に沿っていたら、まちがった縁を結ぶことはありません。ところが、人間はそうはいかないから、厄介です。

出会いでは初めにどんな縁を結ぶかが大事になります。みなさんは縁起という言葉を使ったことがあると思います。いまは吉凶の兆しといった使われ方をしていますね。しかし、本来の意味は「縁の初め」ということなのです。「縁起が良い」とは、良い縁を初めに結ぶこと、最初に悪い縁を結んでしまうのが「縁起が悪い」ということです。

良い縁を結ぶと、それがさらに良縁を呼び、まさに〝良縁の連鎖〟が起こります。たとえば、一人の人とおたがいに信頼し合える関係、すなわち、良縁を結べば、その人が、また、信頼に足るいい人を紹介してくれて、仕事がどんどん発展していく、といったことがありますね。

一方、悪い縁を結んでしまった場合には、騙《だま》されたり、裏切られたりして、事態は悪いほうへ悪いほうへ転がっていく、ということになりかねません。悪縁も連鎖していくのです。いわゆる、転落の人生に陥った人の軌跡をたどると、たったひとつの悪縁がきっかけになっていた、ということが珍しくありません。

では、初めに良い縁を結ぶにはどうしたらいいのか？　そのヒントが冒頭の禅語にあります。そう、〝はからい心〟を持たないことです。出会った人に対して、

「この人はひと癖ありそうだから嫌だな」

「なんだか、性格が暗くてつきあいにくそうな気がする」

「ばかに調子がよすぎで信頼できそうもない感じ…」

といったレッテルを貼ってしまうことはありませんか？

先入観を持って人を見る。これが典型的なはからい心だ、といっていいでし

ょう。先入観は目を曇らせます。ですから、その人の〝本質〟をきちんと見定められないのです。その結果、せっかくの良縁がすぐそばにあるのに、みすみすそれを見過ごしてしまうことにもなるわけですね。

古い諺に「馬には乗ってみよ、人には添うてみよ」というものがあります。出会った人とは、まず、はからい心を捨てて、虚心坦懐《きょしんたんかい》に向き合ってみることです。

そう心がけていても、悪縁を結んでしまうことはあります。それをリセットするのが初詣。ゆく年に結んでしまった悪縁を一度断ちきって、まっさらな状態でくる年に良い縁を結ぼう。そんな意味合いが初詣にはあるのです。

お寺や神社は聖なる空間、清らかな空間です。そこで心から手を合わせて（神社の場合は柏手を打って）お参りする。そのこと自体良い縁を結ぶことになるわけです。年の初めに良い縁を結んで、次々に良縁を呼び込みたい、という思いが誰にもあるから、初詣は長く伝統的な行事としてつづいてきた、ということではないでしょうか。

24

利害を超えた人間関係が、いい仕事をつくる

【空手来《くうしゅにてきたり》　空手去《くうしゅにてさる》】

●仕事を離れたつきあいが、もたらしてくれるもの

「彼とはビジネスライクのつきあいだから…」。よくそんな言い方をします。さまざまな人間関係のなかでも、仕事を介したつきあいには利害が絡まずにはいません。おたがいが会社の利益、自分の実績を念頭に置いて、相手と接するわけですから、自分が有利になるような手練手管《てれんてくだ》を使うこともあるでしょう。

そこにとどまっているあいだは、おたがいに人間性を感じ合う関係を築くことは難しいといえます。しかし、仕事の関係者であっても、つねにビジネスの話をしているわけではないでしょう。たとえば、ひと仕事終わって一杯飲むといったときには、素顔を見せ合ったり、本音を語り合ったりすることがあると思うのです。

それは、**おたがいに〝腹に一物〟がない心、禅語「空手来《くうしゅにてきたり》　空手去《くうしゅにてさる》」でいうところの利害というはかりごとから離れた〝心〟でふれ合っている瞬間**です。そこから本物の人間関係が芽吹き、育っていくことはある。勝負は、あなたがいかに〝空手〟になれるかです。

25

〝下心〟はかえって邪魔になる

【無心《むしん》】

●「この人とつきあうと得」と考えていないか

気づかぬうちに邪心や妄想、執着といったことに縛られてしまうのが人間です。プライベートなつきあいのなかでも、ときとしてそれらが顔をのぞかせる。接近、「えっ、彼は〇〇物産勤務なんだ。こいつはビジネスに結びつきそうだ。接近…」といった具合ですね。もちろん、仲間同士がビジネスでも手を組むのは悪くはない。しかし、まず、最初にあるべきは、そんな〝下心〟ではなくて、仲間としてのガッチリした絆ではないですか？

本物の仲間になるには、無心で気持ちを通わせることが必要です。「無心《むしん》」というといかにも禅的な深遠な心の境地という気がするかもしれませんが、要は心を空っぽにすることです。**空っぽな心には何でも入る。**つまり、相手の良いところも悪いところも、分け隔てなく受け入れられる、ということでしょう。

おたがいが必要不可欠と感じる存在になるスタートはそこ。さぁ、心空っぽから始めましょう。

26

一歩退くから、前に押しだされる

菩《ぼ》薩《さつ》行《ぎょう》

●このふるまいで、人間関係がうまくまわり出す！

すでに悟りを開いていながら、みずからの意志でこの世にとどまり、私たちの心を救ってくれるのが菩薩です。その菩薩のおこない、たとえば、川を前にしたら、まず、人を先に渡してあげる、というのが「菩薩行《ぼさつぎょう》」。私たちの行動に置き換えたら、**つねに一歩退いた立ち居ふるまいを心がけること**、といっていいと思います。

「われ先に…」とつねに前にでようとする人が多いと思いませんか？　人間関係が渇いてギクシャクする原因のひとつがそれ。**一歩退くのは決して他人に後れをとることではありません。相手を立てることを忘れず、自分はやるべきことに邁進《まいしん》する、ということです。**すると、人間関係に潤いが生まれて円滑になるし、自分は退いていても、周囲が押しだしてくれるようになる。「彼（彼女）に任せたら間違いない」という評価が得られるのです。みずから前にでれば、周囲には引き戻そうとする力がはたらきますが、押しだされたら、はたらくのは強く後押しする力です。

27

置かれた場所で力を尽くす

大地《だいち》黄金《おうごん》

●自分の居場所は自分でつくる

会社を辞める人が一様に口にするのが、「人間関係に疲れた」という台詞《せりふ》です。たしかに、仕事上の人間関係はストレスをともないます。しかし、それは多分に周囲に合わせようとする自分の〝窮屈《きゅうくつ》な思い〟が原因になっていませんか？その場で自分の力を尽くすことより、「いい子」でいることに躍起《やっき》になっている。それがうまくいかないと、「あの課長の下ではやっていられない」と責任を外に求め、挙げ句のはてに、冒頭の台詞を吐いて会社を簡単に辞めてしまう、ということにもなるのです。

まず、しなければいけないのは、どのような仕事であっても、自分がやるべき仕事のなかで精いっぱいに力を尽くすことです。その姿勢がなければ、会社を変わってどんな場所に行っても同じことの繰り返しです。

「大地黄金《だいちおうごん》」という禅語は、必死になって精いっぱいやってみると、そこに自分の居場所ができることをいっています。するとと仕事の結果もついてきて、存在としても輝き、「あいつやるなぁ！」となるのです。

28

チャンスも「備えあれば憂いなし」

【勤精進《つとめてしょうじんす》】

●結果をだせる人の考え方

人間関係をソツなくこなし、仕事の実績を挙げている人を〝世渡りがうまい〟といったりします。言葉の響きには、口先だけで世間を渡るといった、どこか揶揄《やゆ》するニュアンスもあるようですが、そうした人は、やはり、日頃から精進につとめている。チャンスをしっかりつかまえるための準備を怠っていない、といったらわかりやすいかもしれません。**チャンスは万人に等しくきます。しかし、それをモノにできるのは準備を整えている人だけ。**たとえば、自分の能力で「できるか、できないか」というギリギリの仕事のオファーがあったとき、準備があれば引き受ける勇気もわくし、いざやってみればなんとかこなせるものです。それがさらなるチャンスをもたらします。

一方、準備がない人はそこで尻込みしたり、躊躇ったりする。それはそのときのチャンスを逃すだけでなく、次のチャンスもつぶしてしまうのです。**準備を整えるとは、いまやるべきことに全力で取り組むこと。**それが禅語「勤精進《つとめてしょうじん》」の意味です。

29

評価を求める前に自分のつとめを果たす

【随処作主《ずいしょにしゅとなれば》　立処皆真《りっしょみなしんなり》】

●「任せてもらえる人」になるには

人とのつながりは自分を高め、成長させるものである一方、それに振り回されると、自分を見失うことにもなります。上司の顔色ばかりうかがって、自分が定まらず、右往左往する、といったケースがそれでしょう。

仕事の場面でも、プライベートでも、そのとき与えられている自分のポジションで、求められている役割をきっちり果たしていく。**〝主役〟として持っている能力を惜しみなく注いでいく。それが人間関係のなかで自分の存在感を確たるものにし、また、より高いレベルに自分を押し上げていくカギにもなります。**

「営業は心もとないけど、接待となったらあいつは欠かせない」ということなら、接待の場で存分に力を発揮すればいい。

どんな場でも、余計なことを考えず、ひたすら全力を投じていれば、そこに自分の本分があるのです。それが「随処作主《ずいしょにしゅとなれば》　立処皆真《りっしょみなしんなり》」の意味。ほかの誰にもできないことをしている自分がいる、といってもいいでしょう。それが自分を生きっている姿です。

3

「出会ったこと」にこそ意味がある

縁を育む恋愛・結婚の章

30

映画のような恋なんてない

月和水流《つきはみずとともにながる》

●恋に恋していませんか

禅ではしばしば真理を月に喩《たと》えます。この禅語は、真理は遠いところにあるのではなく、私たちの日常の到るところに現れていることをいっています。この世に男性と女性がいて、いつかどこかで出会った二人が恋愛をする。これも真理のひとつでしょう。男女は月と水の関係に似ているといえるかもしれません。月は水を得てその姿を映し、水は月を包み込んで流れのままに誘《いざな》う。これが禅語「月和水流《つきはみずとともにながる》」です。月と水はおたがいがかけがえのない存在として深い縁で結ばれています。そこには美しく映ってやろう、きれいに包み込んでやる、といった作為はどこにもありません。**恋愛も、格好をつけたり飾り立てたりする作為がなく、自然に成立するのが理想です。**

また、月は雲に覆われれば隠れてしまい、水に映ることができないし、水も濁っていたら月の姿も澱《よど》んだものになってしまいます。恋愛もおたがいの人間性が素のままに、つまり、真心で結び合うものであったほうがいい、ということでしょう。

31

婚活の前に、結婚の本質を考えてみる

【亘古今《こうここん》】

●結婚はご先祖様からの「命のリレー」

「亘古今《こうここん》」は道元禅師の『正法眼蔵《しょうほうげんぞう》』のなかの言葉。仏性は時を超え、古今を通じてある、という件《くだり》にでてきます。男女がともに暮らし、子どもを授かって、次の世代に命をつないでいく、という結婚の基本的なかたちも、はるか昔からつづいてきて、はるかなる未来にまで変わらず伝わっていくのではないかと思います。

私たちがいま授かっている命を一〇代さかのぼると、一〇二四人のご先祖様を誰もが持っています。二〇代さかのぼればご先祖様は一〇〇万人を超える。**どこかで誰か一人でも欠けていたら、私たちのたったひとつの命はこの世に存在しなかったわけですから、いま生きていることはまさしく奇跡といっていいでしょう。**それぞれの時代の影響を受けながらも、男女は縁を受け継ぎ、受け渡して、奇跡を紡いできたのです。

婚活に精をだすのも、結婚生活を思い描くのも悪くはないが、ときにこうした結婚の根源的な意味について考えてみてはいかがでしょう。

ら、その相手と長い年月をいっしょに暮らすことになります。そこで**いちばん問題になるのは、持っている価値観であり、趣味嗜好であり、それまでを過ごしてきた環境なのではないか**と思います。

おたがいの思いだけでピリオドが打てる恋愛は、「格好いいから…」「きれいだから、かわいいから…」というだけでも、一定期間はつづくもの。価値観や趣味嗜好が違っても何とかやり過ごせる、というところがあります。

ところが、ロングランの結婚生活となるとそうはいかない。たとえば、自分は堅実な生き方に価値をおいているのに、相手は〝宵越しの銭は持たない〟というかつての江戸っ子気質にこそ価値あり、というタイプであったら、すぐにもぶつかることになるのは必定でしょう。趣味嗜好にしても、一方が根っからの和食派で、他方はアメリカン系ジャンクフードが大のお好みというのでは、なかなかうまくいきません。休日に、夫がいつも「のんびり過ごしたい」と思い、妻は「家になんかいたくない」と考えたら、楽しくいっしょに行動することはできません。

もちろん、おたがいに譲り合い、歩み寄ろうという気持ちにはなるはずですが、それも限界があります。いずれはギャップに堪えられなくなり、おたがいの心の溝は広がるばかりとなるのではないでしょうか。

この禅語は、人生ひとつの道を貫くことの大切さをいったものですが、結婚に結びつけて考えると、**おたがいの貫きたいことが、大きく違わないほうがいい**、という意味にも受けとれそうです。どんな人生を貫くかは価値観や趣味嗜好に深くかかわっています。どちらかが自分の価値観や趣味嗜好を抑えつけ、無理をして相手に合わせる結婚生活は、つねに破綻《はたん》する危険を背負い込んだものといっていいでしょう。

おたがいが貫きたいことにそれほどの違いがないこと、つまり、価値観や趣味嗜好に共通するものが多い、ということが、時代を問わず求められる結婚の条件になる。そんな気がします。

33

見栄や計算を捨てる

孤《こ》雲《うん》本《もと》無《む》心《しん》

●「恋の休眠状態」がつづいている…

いつも恋をしている人もいれば、なかなか恋人ができないという人もいます。異性との出会いがない仕事の環境にいる、というケースもあると思いますが、多くは、心に理由があるのです。

意識しないうちに心を閉ざしてしまっている。おたがいが心を開かなければ縁は結ばれません。心を閉ざしたままでは、恋人になる可能性がある人と出会っていても、うまく縁が結ばれるところまでいかないのです。

自分をよく見せたいという虚栄心も、心を窮屈にするさいたるものでしょう。素直な心が縛られてしまう。空の雲は何の計算もなく、ただ自由にそこにあって伸びやか。風が吹けば自在にかたちを変え、どんな方向にも移っていきます。縛られているものがないのです。これが「孤雲本無心《こうんもとむしん》」の境地です。

思いきって心を放りだしてみたらどうでしょう。自由に心を遊ばせておくと、その自由な心が結び合う心を見つける。縁のある人との出会いって、そうしたものかもしれません。

34

恋愛にも「準備体操」が必要

開径《みちをひらいて》待佳賓《かひんをまつ》

●なかなか人を好きになれない理由

人を好きになるということは、その人の心を心で受け入れること。大事なお客様を迎えるときは、門を開き、周囲の草を刈って掃き清め、万全の準備を整えて待つものだ、というこの禅語は、受け入れるときの心構えの大切さを教えています。

人を好きになれない、好きになったことがない、という人がいますが、好きになるための心の準備を怠ってはいないでしょうか。**相手の心を受け入れるために心を整えるとは、ものごとに感動したり、感激したりできる、やわらかな心を持っておくことだ、といってもいいでしょう。**美しい風景に素直に「あぁ、きれいだな」と感動できる心、すぐれた芸術に「すばらしい」と感激できる心が、人のやさしさや思いやりに共鳴することができるのです。

「所詮、そんなものさ」と心を斜めに構えていたのでは、感動も感激も通り過ぎていってしまいます。どんなに素敵な人の心の響きも伝わってこないのです。

35

自分をよく見せようとしなくていい

【心清道自閑《こころきよければみちおのずからしずか》

●異性の前だとつい緊張してしまう

若い人のなかには、異性を前にするとしゃべれないことに悩んでいる人もいるようです。自分の心のなかをのぞいてみてください。そうさせているのは、自分に興味を持ってもらいたい、話でウケたい、知識があると思われたい…といった思いではありませんか？ **ありのままの自分ではなく、〝プラスα〟の自分を演じている。**邪念を抱いているのです。

それが心を乱し、オドオドやドギマギにつながっている。私は、教鞭を執っている多摩美術大学で、「竹を使って涼しさを感じる空間をつくりなさい」という課題を毎年だします。男女一〇人くらいがグループになって、夜遅くまで議論しながら作品を仕上げていくわけですが、完成する頃にはみんな仲よくなって、自然にカップルもできる。学生たちは〝竹マジック〟と呼んでいますが、ありのままの自分をぶつけ合った結果でしょう。禅語「心清道自閑《こころきよければみちおのずからしずか》」は、わずかな邪念もなければ、人生は自然に乱れることなく、しずかなものとなると教えています。**ありのまま、そのままなら、言葉を超えて心が通います。**

36

自分の人間性で勝負する

【無心帰大道《むしんだいどうにきす》】

●こだわりを捨てるとラクになる

バブル世代を親に持つ〝草食系男子〟の特徴のひとつが、恋愛に対して臆病《おくびょう》ということだそうです。彼らにかぎらず、恋愛にいま一歩踏みだせないという人は少なくありません。どうやら、容姿や学歴、社会的な地位や肩書き、財産…といったものに自信がない、ということが理由のひとつになっているらしい。自信があるのも、ないのも、同じようにそのことにこだわっているからです。

こだわりは心の塵《ちり》です。こだわればこだわるほど、うずたかく降り積もってしまう。そのことに振り回されてしまうのです。その結果、本来の自分の人間性(一点の曇りもない心)が自分でも見えなくなる。

まず、余計なものを払い落として、真正面から自分の心を見つめることです。「無心帰大道《むしんだいどうにきす》」は曇りのない心こそ仏性、本来の自分だといっています。その心は容姿や学歴、地位などによって動かされるでしょうか。**自分が好きになりたいのも、好きになって欲しいのも、本来の人間性ではないのですか?**

そこに気づいてさえいれば、必ず、いい恋愛、できます。

37

ときには流れに任せてみる

任《にん》運《うん》自《じ》在《ざい》

●どうすれば出会いを恋に発展できるのか

誰かと出会って、そこから恋愛に発展するかどうか、つまり、二人のあいだに縁が結ばれるかどうかは、「運」にかかっています。禅でいう運とは、縁があるかないかを定める、めぐり合わせですね。

仕事場でも、あるいはパーティや合コンといった場でもいい、ある出会いがあった。そのとき、挨拶や通り一遍の話で終わるのではなく、何か自分のことをもっとわかって欲しい、相手をより深く知りたい、と感じたとすれば、運がはたらいているかもしれません。

それに応える様子が相手になかったら、いわゆる〝片思い〟であって、結局、運がなかったということでしょう。**大事なのは運に任せることです。**それが「任運自在《にんうんじざい》」ということ。**あの手この手を使って相手を振り向かせようとするのは間違い。作為で運を変えることはできません。**

運を得たら縁は結ばれるはずですが、それを育てていくためには、相手をわかろうとする努力、自分を知ってもらおうとする、不断の努力が必要です。

38

未練を捨てると次がやってくる

莫妄想《まくもうぞう》

●別れた恋人が忘れられない…

男女が出会って恋に落ちる。縁あってのことです。しかし、始まりがあれば、終わりはいつかやってくる。良いことも悪いことも含めて、恋愛期間が長ければ長いほど、たくさんの思い出が積み上げられているに違いありません。ですから、別れた恋人のことがいつまでたっても忘れられない、ということにもなるのでしょう。

恋愛は愛情に満ちた時間だけが積み重なるわけではありません。ときに憎しみがまさることもある。**どんな思いでいるにせよ、過ぎ去った時間にとらわれるのは妄想です。**禅語の「莫妄想《まくもうぞう》」は、冷静にいまのわれにかえり、妄想から抜けだせ、と教えています。人生は経験を重ねていくもの。そのことによって広い考えが持てるようになり、心豊かになっていくのです。過去への未練や執着はそれを阻みます。妄想が次へのステップに踏みだせない大もとになっている。スパッと、心を切り替え、相手に出会ったことに感謝しましょう。そこに妄想にとらわれない姿がある。

39

つらい思いは呼吸で吐きだす

独《ど》坐《ざ》大《だい》雄《ゆう》峰《ほう》

●失恋から立ち直る方法

恋人からある日突然、別れを告げられたら…。心は千々《ちぢ》に乱れることでしょう。恋愛をするのはとてもいいことですが、それが破綻しないという保証はなく、失恋することは、恋愛にはついてまわるものです。もちろん、その渦中にいれば、居ても立ってもいられないほどつらい。

そんなときは、ただ坐る。そして、丹田《たんでん》で呼吸をしてみることです。ふぅ〜っと思いきり吐き、すぅ〜っと思いきり吸う。胸だけで呼吸をしてはダメ。深く、深くおなかで呼吸をする。何回か繰り返してみてください。気持ちが落ち着いてきませんか？

心が落ち着くその立ち位置が、いまを生きているあなたが安心していられる居場所「大雄峰《だいゆうほう》」です。「日々是好日《にちにちこれこうにち》」という禅語は、良い日も悪い日も、どんな日であっても、生きて経験できることこそがすばらしいのだ、と教えています。恋愛も、失恋も、精いっぱい生きているからできるのです。落ち着いた心でそう考えたら、つらさもかけがえのない経験だと思えてきませんか？

40

気持ちを置き去りにしない

【花落花開自有時《はなおちはなひらくおのずからときあり》】

●次のステップにすすむ前に

恋愛関係と「性」は切り離せないもの。恋人同士がいつか性的な関係に発展するのは自然なことです。この禅語が語る、**大自然の営みのように、時機を誤ることなく、機が熟したまさにそのときに、そうなるのが理に沿ったあり方でしょう。**その点から見ると、いまは性的関係が先行している気がするのです。気持ちが置き去りにされている、という感じがしませんか？

もちろん、おたがいの判断と了解があればかまわない、という考え方を頭から否定するつもりはありませんが、その結果、子どもができていっしょに暮らしたのはいいが、おたがいが気持ちの理解を深めることができずに離婚。子どもが足手まといになって虐待する、という現実があることは、知っておかねばなりません。

性の意味を考えたり、悩んだりするのは、人間の業かもしれませんね。ならば、その業をくらますことなく、正面から見据え、そののちに行動に踏みきるべきなのでしょう。

41

出会った意味を考えてみる

感応道交《かんのうどうこう》

●結婚というご縁を育てる

禅語の「感應道交《かんのうどうこう》」の本来の意味は、救済を求める衆生《しゅじょう》(人々)の心と、それに応じる菩薩《ぼさつ》の心が通じ合ってひとつになる、ということです。禅の世界では、師匠と弟子が言葉を交わさなくても気持ちが通じ合えることをいいます。

他人同士が機会を得て出会い、愛し合うようになって、人生をともに生きていこうと考える。結婚とはそういうことだと思いますが、出会いも、愛を感じ合うということも、ともに生きるということも、「因縁《いんねん》」があってはじめて現実のものとなるのです。

何らかの原因があって縁が結ばれる。ここはひじょうに重要です。相手と出会ったのは〝たまたま〟と考えているかもしれませんが、決してそうではありません。出会うには出会うだけの理由がある。もちろん、出会いだけではなく、その後の流れもすべて理由があって、そうなっているのです。それが因縁ということですね。

ほかの誰とでもない、おたがいが「その人」と縁が結ばれている、というこ

とに気づくことです。それはありがたい（有り難い）こと。あり得ようもないことが自分たちに起きていることなのです。そこに気づいたら、いただいたその縁を蔑《ないがし》ろになどできないと思いませんか？

もっとも大事なことは、心と心の強い結びつきを築いていくことでしょう。そのためには、**まず、おたがいが相手を信じきること**です。禅僧の師と弟子の関係をいえば、弟子は師に全幅の信頼を寄せています。それでなくては厳しい修行を耐え抜くことはできません。また、師が弟子をじっと見守りつづけるのも信頼があればこそ。そのなかで心と心が通じ合ってひとつになる、という関係が生まれてくるのです。結婚する相手ともそんな関係が築けるはずです。最近では結婚という形式にとらわれず、もっと自由にパートナーとしての関係をつづけていく、ということも多いようです。その是非はそれぞれが考えるしかないわけですが、禅の考え方では形式を重んじます。

「威儀即仏法《いぎそくぶっぽう》」という禅語があります。一般にも威儀を正す、という言い方をしますが、これはかたちを整えるということですね。かたちを整える、つまり、形式から入ることが、じつは真髄に迫るための大事な役割をになっている、というのがこの禅語の意味です。

たとえば、みなさんもきちんとドレスアップしたときと、カジュアルなファッションでいるときでは、気持ちが違うと思うのです。かたちを整えることで、気持ちもそのかたちにふさわしくなっていく、ということでしょう。

結婚もパートナーでいることも、中身は同じじゃないか、と思われるかもしれませんが、やはり、気持ちや、心構えが違ってくるのではないか、と思います。何か問題が起きたとき、逆境に立たされたとき、パートナー同士なら割り切って関係を解消することも、比較的容易にできるでしょう。一方、結婚という形式を踏んでいたら、そう簡単には割り切れない。一緒にそれを乗り越えなければいけない、という意識が生まれてくると思うのです。どちらがよくて、どちらがよくない、ということではなく、心構えに〝温度差〟があるということではないでしょうか。

形式にはそれなりの意味がある。そのことは知っておくべきでしょう。

42

結婚生活で「いい子」を演じなくていい

【開門福寿多《もんをひらけばふくじゅおおし》】

●親戚やご近所づきあいに疲れない秘訣

結婚生活にはいやおうなく、〝新しい人間関係〟がついてきます。相手の両親や親戚とのつきあい、住まいのご近所とのつきあいですが、これがかなりストレスになるようです。ただし、原因ははっきりしている。できた嫁でいなければいけない、ソツなくご近所づきあいをこなさないとまずいという意識がはたらく、つまりは「いい子」ぶろうとするからです。これでは精神的に疲れるのは当然。

自分をあからさまにしてしまうのがいちばんです。勝ち気ですけれどやることはきちんとしている、のほほんとしていながら心配りができる、粗忽《そこつ》だけれど気持ちがやさしい…。**包み隠すところのない姿で接していれば、自分のよさが必ず伝わる。**「開門福寿多《もんをひらけばふくじゅおおし》」はそう教えます。周囲もそれを認め、好意的に受けとめてくれるようになるのです。「いい子」の付け焼き刃はすぐに剥がれる。そうなったらストレスはさらに嵩じます。**初めからあからさまな自分でいれば、自然で無理なくつきあえる。**いいつきあいとはそういうものです。

43

変わっていく「愛のかたち」を楽しむ

【年々《ねんねん》歳々《さいさい》花《はな》相似《あいにたり》　歳々《さいさい》年々《ねんねん》人《ひと》不同《おなじからず》】

●自分も相手も変化していくもの

結婚生活もある程度長くなると、夫にも妻にも、ある〝不満〟が頭をもたげてきます。

「変わったわね」「昔はそうじゃなかった」というのがそれ。恋人同士でもつきあっている期間が長きに及べば、同じ気持ちになるかもしれませんね。

あのときはあんなに愛されていると感じられたのに、いまはちっとも愛が感じられない、いったいどうしてしまったのだ、というわけですが、いつまでも変わらぬ愛などはないのです。

禅語「年々歳々花相似《ねんねんさいさいはなあいにたり》　歳々年々人不同《さいさいねんねんひとおなじからず》」がいうように、毎年、花は同じように美しい花を咲かせても、人は刻一刻と移ろい、変化をつづけるものだからです。同じように見える花だって、毎年、まったく同じ状態で花開くことはありません。前年は前年の花、今年は今年の花を咲かせている。

その花を見る人間は、さらに大きな変化のなかにいます。同じ枝についた花を見ても、そのときどきによって、違った思いや感動、感慨を持つのは、まさに自分が変化しているからなのです。

結婚生活、あるいは恋愛期間のなかで、おたがいが変わっていくのは当然です。いくら変わらないで欲しいと願っても、それは不可能です。移ろっていくこと、変わっていくことを素直に受け入れることです。そのうえで自分の思いをどう深めていくか、相手にどう伝えていくかを考えるべきです。

もちろん逆もまた真なり。相手の思いをどう受けとめるかを考えることも必要ですね。

道元禅師の御歌にこんなものがあります。

春は花　夏ほととぎす　秋は月
冬雪さえて　すずしかりけり

四季は毎年移ろいでいきますが、どの季節も過不足なくその姿を現していて、それぞれに清々《すがすが》しい。春と夏を比べてどちらがいいとか、秋と冬はどうだとか、などといっても意味がないのです。

結婚生活も四季に似ています。新婚の春から充実を迎える夏、落ち着いた風情の秋から枯れた境地へと到る冬…。おたがいが結婚生活の秋にいて、春のときはこうだった、夏はあんなだったのに、といったところで、その季節が戻ってくるわけもありません。空しいばかりです。

変わっていくおたがいを認め合い、それにふさわしい関係性を見つけていく。それぞれの季節ならではの愛のかたちを探っていく、といってもいいですね。

それはけっこう楽しい作業ではないか、と思うのです。

あでやかに咲き誇る花のような情熱的な愛も、しんしんと降り積む雪のような静かな愛も、その季節でなければ手に入れられないものだ、といっていいでしょう。折々の季節を楽しむように、移ろいゆくおたがいを楽しみ、かたちを変えていく愛を楽しんだらいいのです。

44

浮気は二人の関係を見直すサイン

【一月在天影印衆水《いちげつてんにありかげしゅうすいにいんす》

●結婚生活のピンチを乗り越えるには

結婚生活を送っているあいだには「浮気発覚」という事態に遭遇することがあるかもしれません。心穏やかではいられない。「別れ」の二文字が頭をよぎっても、不思議はありません。ただ、二人のそれまでの生活の歴史には、本当に大事なこと、「真理」が現れ、映しだされています。「一月在天影印衆水《いちげつてんにありかげしゅうすいにいんす》」、生活のひとこまひとこまが真理です。それを見落としてはいけません。

いつも同じ価値観でものを見てきた気がする、趣味をいっしょに楽しむ充実した時間があった、同じ映画に感動できた、美味しいと感じるものが共通していた…。振り返ってみてそんな思いが見つかったら、それこそ二人の関係にとって大事なことなのです。**浮気は一時的に月（真理）を陰らせる雲のようなもの。一陣の風がそれを吹き払うように、水に流すことも必要ではないでしょうか。**

ただし、大事なことが見つからなかったら、浮気を契機におたがいにやり直す道を選ぶほうがいい。いっしょに暮らしつづけていても、「ズレ」が深まって苦痛になるだけでしょう。

45

「道ならぬ恋」にもケースバイケースがある

不《ふ》貪《とん》婬《いん》戒《かい》

●不倫をどうとらえるか

いつどこで誰と出会い、どんなつきあいをするか、私たちには予測ができません。それが人間模様の綾というか、人間関係のおもしろさでもあるわけですが、場合によっては不倫と呼ばれる関係に身を置くことになるかもしれません。

禅には『十重禁戒《じゅうじゅうきんかい》』といって、守るべき十の戒があります。つまり、してはならないことを定めているわけですが、その第三番目にあるのが「不貪婬戒《ふとんいんかい》」。「不邪淫戒《ふじゃいんかい》」も同じで、これは「よこしまな生活はしてはならない」ということです。

不倫の意味は、人がおこなうべき道から外れる、ということですから、不貪淫戒からすれば、認められることではありませんね。しかし、ひとくちに不倫といってもその事情はそれぞれに違うでしょう。

たとえば、夫のDV（ドメスティック・バイオレンス）や妻のネグレクト（育児放棄）などによって、実質的に家庭が壊れ、夫婦の関係も破綻している、といったケースがあります。そうしたなかで妻なり夫なりが、配偶者以外の人に心ひかれることがあったとして、それが人の道から外れるおこないになるでしょうか。

かたちのうえでは不倫ということになるにしても、杓子定規に先の戒を破るものだとは決めつけられないのではないでしょうか。

名ばかりの夫婦関係を維持することが戒を守ることで、単に書類上のみの夫、あるいは、妻以外の人と心から人間的なふれ合いをしたら、こちらは〝破戒〟行為だ、といってしまうことには、少なからず疑問の余地があると思うのです。

仏教には「諸悪莫作《しょあくまくさ》　衆善奉行《しゅぜんぶぎょう》」という言葉があります。悪いことはするな、善きことをおこなえ、という教えです。人としてのふるまいの基本です。

自分の心に問いかけてみて、その関係が後ろめたい気がする、裏切っている感覚がある、申し訳ない思いがする、心が痛むといった感覚があるなら、それは悪しき行為になる。精算すべき不倫関係といえるのではないかと思います。

家庭ではいい顔をし、一応それを守っておいて、陰では好きな異性ともつきあう、というのがそれでしょう。

一方、夫婦間ではおたがいの気持ちがすっかり切れてしまっていて既に破綻している。そんな状況にいて、心が通う相手といっしょに新しい生活を築いていきたい、ともにこれからの人生を歩いていきたい、と感じているのであれば、それは諸悪莫作に反するものではない、といえるかもしれません。ただし、その関係をつづけることで、さまざまな厄介な事態が起こることが想定されます。それらについては、どんなものでも二人で引き受けるという覚悟は必要です。

ちなみに、『十重禁戒』の残りの九つは以下のものになります。

第一不殺生戒《ふせっしょうかい》（殺してはならない）、第二不偸盗戒《ふちゅうとうかい》（盗んではならない）、第四不妄語戒《ふもうごかい》（惑わすことをいってはならない）、第五不酤酒戒《ふこしゅかい》（酒を売ったり、買ったりしてはならない）、第六不説過戒《ふせっかかい》（他人の過ちや欠点をあげつらってはならない）、第七不自讃毀他戒《ふじさんきたかい》（己を褒め、他人を誹ってはならない）、第八不慳法財戒《ふけんほうざいかい》（物心とも施すことを惜しんではならない）、第九不瞋恚戒《ふしんいかい》（怒りを抱き、自分を失ってはならない）、第十不謗三宝戒《ふほうさんぼうかい》（仏法僧の三宝を謗り、不信の念を発してはならない）。

46

別れがあるから、次の出会いがある

【諸行無常《しょぎょうむじょう》】

●別れを力にするヒント

生きることは、つねに移り変わっていること。誰もその定めから逃れることはできません。それが「諸行無常《しょぎょうむじょう》」。ですから、どんなに愛している人とも、親しくしている人とも、必ず、別れのときがやってきます。何か諍《いさか》いがあっての別れもあれば、死が別れをもたらすこともある。後者は何ものにも代え難い悲しみでしょう。

思う存分、気がすむまで涙を流せばいいのです。そののち相手を自分の心のなかで生かしていく。胸に響いた言葉、ありがたかった行動、考え方から学んだこと…。そうしたものの一つひとつを忘れずにいて、自分が生きていくなかで引き継いでいく、ということですね。

ふれ合うことや語り合うことはなくなっても、引き継いでいるかぎり、つまり、人生の折節《おりふし》でふと思いだし、どこかで生きる糧にしつづけているかぎり、相手の存在が消えることはありません。移り変わる自分の心でしっかりと相手も生きつづけているのです。

47

「家族ありきの自分」であると知る

露《ろ》

●家族って何だろう？

家族とは何か、きょうだいの意味とは…なんて考えたことがない。そんな人がほとんどでしょう。しかし、人間関係の原点は家族とのつながりです。家族こそ、私たちがこの世に生を受けて、最初に人間関係を学ぶ修行の場といえるかもしれません。

禅語の「露《ろ》」はすべてがむきだしになっていること、文字どおり、露わになってどこにも隠すところがないことをいいます。

家族の基本もそこにあるのではないでしょうか。おたがいに何ひとつ飾ることもない、隠すこともない、体裁《ていさい》を保つこともない…。それが家族です。

会社や学校、あるいは、地域の一員として行動しているとき、私たちはその立場にふさわしい発言やふるまいが求められます。会社なら上司は上司としての、部下は部下としての顔があるわけですし、地域社会のなかでは「○○さんの家」の父親であったり、母親であったり、また、子どもであったりする。同じ幼稚園に子どもを通わせる母親たちには、「○○ちゃん（くん）ママ」という立場がいつもついてまわります。

私たちはそれぞれに、その顔や立場をどこかで意識しながら、言葉を換えれば、顔や立場を逸脱しないように、生きています。そのことが、本来の自分自身をそのままだせない、抑えざるをえない、ということにつながっている。誰もがその感覚を持っているのではないでしょうか。

家族は違います。親子間でもきょうだいのあいだでも、基本的にはありのままでいられる。家族に対して仏頂面《ぶっちょうづら》をする必要はないし、子どもにとことん理解があるママでいなくてもいい。きょうだい同士なら本音をぶつけ合って喧嘩だってできるわけです。気持ちが行き違うことがあっても、少し時間がたてば、しこりを残さずわかり合えるのが家族でしょう。そうした、おたがいに露わな関係が成り立つのも、血のつながりという絆、根底にある信頼感で結ばれているからですね。

禅と関係が深いのが茶の湯ですが、茶室の庭を「露地《ろじ》」といいます。灯籠《とうろう》やつくばい、飛び石が配されたその露地は、まさに露わな心になるために設《しつら》えられています。茶室に向かって露地を歩きながら、武士だろうと、商人だろうと、文人だろうと、みんな身分や立場を捨てて、裸の心になる。

茶席は清浄無垢な仏国土《ぶっこくど》と考えた千利休《せんのりきゅう》は、露地を設えることによって、茶室を誰もが裸の心でそこに入り、心を通わせる空間にしたのです。

茶室の入り口は狭く、躙《にじ》り口と呼ばれます。脇差《わきさし》をさしたままでは突っかかって入れません。たとえ武士であっても、その立場の象徴、もっといえば魂でもある刀を外して入るべき空間が、茶室なのです。

家族が一緒に暮らす空間、家も同じことです。**それぞれが他人とかかわりを持っている外の世界では、みんな心に何かしらまといながら生きている。その心の鎧《よろい》を外して、露わな心になれるのは、家族に対してしかないのです。**

ただし、いまはその家族の本来の姿が大きく崩れている、というしかない時代状況です。ですから、一人ひとりが〝露わな心〟ということについて、考えてみる必要があると思います。

48

「何もない一日」に感謝する

安閑無事《あんかんぶじ》

●平穏な日々こそ、ありがたい

家族はかけがえのない存在です。ですから、何かの事情で家族がいない境遇になったら、これほど不幸なことはないと考えるかもしれません。しかし、幸福か不幸かを決めるのは、家族がいるか、いないかではありません。家族がいなくて不幸を感じる人もいれば、家族がいて不幸を感じる人もいます。もちろん、幸福についても同じことがいえます。

「安閑無事《あんかんぶじ》」は安らかで穏やかな心でいること。大事なのは、そうした気持ちで平穏に暮らせる日々を持てるかどうか、ということです。それはひとえに心にかかっています。「おもしろきこともなき世をおもしろく、住みなすものは心なりけり」。高杉晋作《たかすぎしんさく》の辞世とされる句ですが、心の持ち方しだいでつまらん世の中もおもしろく生きられる、といっています。何ごともなく終わった当たり前の一日を、「きょうはありがたかったな」と思う。そんな心持ちで毎日を過ごせば、きっと、安らかで平穏な日を積み重ねていけます。

49

週に一度、家族がそろう場をつくる

【一《いっ》家《か》和《わ》楽《らく》】

●「家族のなかの孤独」を消す方法

かつて「群衆のなかの孤独」という言葉が流行《はや》ったことがありますが、それに倣《なら》えば現代は多くの人が「家族のなかの孤独」を噛みしめている時代かもしれません。ひとつ屋根の下に暮らしながら、家族が一人ひとり自分のペースで生活し、いつもすれちがっていて、一同に顔を合わせる機会もない。当然、家族間のコミュニケーションも成り立ちません。家族がいながら孤独を感じるいちばんの原因は、この会話がないことにあるのだと思います。

一週間に一度でいいですから、家族そろって食事をしてみてください。顔を合わせれば、そのときの料理の話やそれぞれの近況、気になっていることなど、誰からともなく話題がでます。それが、みんなそろって和《なご》やかに、平和な生活を楽しむ「一家和楽《いっかわらく》」ということです。

和やかな会話を通して、**家族の根っこには信頼関係があること、自分をさらけだせるのは家族だということ、家族が心の拠り所《よどころ》になっていること…をそれぞれが確認できるはずです。**さぁ、あなたから〝食事会〟を提案しましょう。

50

ときには親に電話してみる

【万法帰一《ばんぽういちにきす》】

●居場所は離れていても、心の距離を近づけることはできる

地方から都会にでて仕事をしたり、結婚生活を送ったりしていると、実家に帰るのは盆暮れくらいになります。そのたまの里帰りも、実家とちょっとこじれたり、揉め事でもあれば、足は遠のき、連絡も途絶えて疎遠になってしまう。しかし、考えてみてください。年に二回里帰りをしたとして、両親の顔を見て話ができる機会が、あと何回残っているでしょうか。決して多くはないはずです。まして疎遠のままでいれば、望んでもその機会がもうない、ということにだってなりかねないのです。

会わない期間がいくら長くても、親が子を慈《いつく》しみ、子が親を思う気持ちは変わりません。それが家族の根源的な姿、すなわち真理だからです。「万法帰一《ばんぽういちにきす》」はみないつかは真理にたどり着くという意味。仲違いや諍いがあっても、最後にはそこに戻っていく。思い切って電話をかけ、「元気?」のひと言をいってみる、出張先から名物を送る…など、小さなきっかけさえつくれば、空白の時間はたちまち埋まります。まだ、家族と疎遠な状態、つづけますか?

51

「愛されていた」という事実を思いだす

一切衆生《いっさいしゅじょう》　悉有仏性《ことごとくぶっしょうあり》

●親の愛情がないのではなく、感じられないだけ

親子関係の脆《もろ》さ、亀裂《きれつ》といったものがいまほど露わになったことは、これまでの時代にはなかったように思います。実際、親に愛された記憶も経験もない、という人も珍しくはありません。しかし、子どもをかわいいと思わない、愛していないという親は基本的にはいないはずです。子育てをしているとき、おんぶも抱っこも、一度としてしたことがない親がいると思いますか？　そのとき、親は子どもに無償の愛を注いでいます。それは仏性が現れている姿といってもいいでしょう。「一切衆生《いっさいしゅじょう》　悉有仏性《ことごとくぶっしょうあり》」という禅語はそのことを教えています。

物心がついてからの記憶はなくても、十分に愛された〝事実〟はあるのです。どこかでボタンを掛け違え、親の愛を感じられなくなっているとしても、その仏性が消えることはありません。たとえば、母の日や父の日にひと声かけてみる。そんな些細《ささい》なことがきっかけになって、ボタンの掛け替えはできるのではないでしょうか。仏性は隠れているだけで誰もが持っているのです。必ず、みずから現れる機会をうかがっています。

52

「自分のために」憎しみを手放す

【一笑《いっしょうすれば》千山《せんざん》青《あおし》

●どうしても親を許せない人へ

人が生きていく環境はまさに千差万別。一人ひとり違ったものであることはいうまでもありません。なかには幼い時期や子ども時代に親と離れ、再会しないままになっている、というケースもあるでしょう。死別は受け入れられても、〝捨てられた〟という感覚を持っていたら、思いは複雑。怨《うら》みや憎しみの目で親を見ることになったとしても、不思議はないかもしれませんね。しかし、**禅はどんな困難も、過酷な状況も、笑い飛ばせ、と教えます。そこに、負の束縛から解き放たれ、前向きに生きる道が開かれる、とするのです。**そのことをいっているのが「一笑千山青《いっしょうすればせんざんあおし》」という禅語。

難しいことですし、時間もかかるでしょう。それでも、努力してみてくださ い。いまある自分を大切にして一歩一歩、前に歩を進めることです。すると、歩みをとめることにしかならない怨みや憎しみにとらわれているのは阿呆《あほ》らしい、と思えてくる。「放てば手に満てり」は道元禅師の言葉。怨み、憎しみをポンと放してしまえば、人生、豊かさに満ちてくるのです。

53

子どもには「教える」よりも「手本になる」

【薫習《くんじゅう》】

●子育てを不安に感じたら

多くの親が子育てに自信を失い、不安を抱いているのが現代です。要は、接し方がわからないということでしょう。「薫習《くんじゅう》」とは、衣装に防虫香というよい香りのするお香を添えてしまっておくと、衣替えのときにはその香りが移っている、ということ。よき師についていると、知らぬまにその立ち居ふるまいをはじめ、価値観や考え方が身につくことをいっています。これが基本的な親のあり方だと思います。

つまり、**発言を含めて、みずからの立ち居ふるまいを律し、子どもに寄り添う。そして、その姿から自然に子どもが学ぶのを見守っていく。**

あれこれ手だし、口だしをしなければいけない、と思うから不安にもなるのです。子育てのすばらしさは、自分の目線が変わって新たな発見があること、清浄無垢な子どもの心にふれ、そんな心の大切さにあらためて気づかされることの二つ。長い人生でも子育て以外にはなかなか得られないその機会を楽しむことを考えませんか？

54

子どもを持つのは「ご縁」と考える

【因縁生法即是空《いんねんしょうぼうすなわちこれくう》】

●子どもに恵まれないとき、考えたいこと

少子化は将来に向けての大きな社会問題になっていますが、産まない女性が増えている一方で、どうしても子どもに恵まれなくて悩んでいる女性（夫婦）もいます。若いうちは仕事をバリバリやって、子どもはしばらくしてから、という考えもわかりますが、私は体力的な問題や周囲の環境からいっても、できれば早い時期に出産したほうがいい、と思っています。親の世代も元気なときなら、さまざまな面でサポートも期待でき、仕事にもスムーズに復帰できるのではないでしょうか。

いちばん大事なことは、努力しても恵まれないときに、絶対に自分を責めないこと。**禅ではすべてのものが因縁によって生じる、と考えます。**子どもを授かるのも、授からないのも縁のみによるのです。**子どもとの縁が結ばれるかどうかは、私たちの力が及ばない、仏の御心《みこころ》にかかっています。**胸をはって「縁がなかっただけ」と開き直ってください。子どもがいない充実した人生、楽しい生き方はいくらもあります。

55

お見舞いに「笑顔」を届ける

【慈顔如春風《じがんしゅんぷうのごとし》

●病に苦しんでいる人に、何ができるか

仏教では「生老病死《しょうろうびょうし》」を四苦《しく》といいます。そのひとつである病気に家族や親しい人が苦しんでいるとき、私たちは何ができるでしょうか。医学的なことは医師に任せるほかはないわけですから、できることは病人が安心していられる環境を整えることでしょう。元気づける言葉、励ましの言葉も必要かもしれません。しかし、それ以上に病人の心を和ませ、安らかにするのは、慈しみ深いまなざしであり、やさしい笑顔だと思うのです。禅語「慈顔如春風《じがんしゅんぷうのごとし》」は慈しみ深い顔は春風のようだと教えます。実際、春の風を感じて心地よくなったり、ほっと気持ちが和んだりした、という経験は誰でもあるはずです。**「自分は大切に思われている」。病人にそう感じさせる笑顔は、そんな春風と同じように、ともすれば塞ぎがちな気持ち、萎《しぼ》んでしまいそうな心をあたたかく包み込むのではないでしょうか。**

できるかぎり病人のもとに足を運んで笑顔を届ける。いつも春風のなかにいたら、痛みもつらさも、きっとやわらぐに違いありません。

56

別れの日を怖れるより、いまを生きる

【生死事大《しょうじじだい》　無常迅速《むじょうじんそく》】

●後悔しない「別れの作法」とは

大好きな人、大切な人とは永遠にいっしょにいたい。誰にも共通する思いかもしれません。しかし、生まれて、死ぬということは避けられないのが人間。その生死のあいだで時は瞬く間に過ぎ去っていきます。なおざりにした時は戻ってくることはないのです。ですから、一刻一瞬も無駄にできない。禅語「生《しょう》死事大《じじだい》　無常迅速《むじょうじんそく》」はそういっています。**大事なのは、永遠にいたいと願うことではなく、相手とともにいるその時をかけがえのないもの、二度と手にすることができないもの、と受けとることです。**

人生を豊かにする人間関係とは、どれだけ長い時間をその人といっしょに過ごしたかで決まると思いますか？　そうではないはず。おたがいがいかにその時間を大切だと感じ、心を込めて向き合ったかで決まるのです。

たしかなのは「いま」その人と過ごしている、ということだけです。その人といっしょにいる「明日」はやってこないかもしれない。「いま」を大切に積み重ねていくことしかないのではありませんか？

57

死は終わりではない

生者必滅《しょうじゃひつめつ》

●心の垢を落として生きる

誰でもみんなに好かれたいと思っています。それでも、嫌われる人がいる。共通しているのは、自分ばかりを主張して、思い通りにならないと不平不満を口にする、ということではないでしょうか。禅ではこれを「我見《がけん》」といいます。**私たちは、本来、清らかで汚《けが》れのない心を持っている。禅語ではそれを「清《せい》寥寥《りょうりょう》白的的《はくてきてき》」といいます。それなのに、いつか「あれがほしい、これを手に入れたい」という執着や「自分が、自分が…」という我欲、つまり、我見が積もって心を覆ってしまうのです。**心に垢《あか》がたまる、といってもいいですね。

たまった垢は落とせばいい。そのためには「みんなで力を合わせ、みんなのために頑張ろう」という気持ちで生きることです。東日本大震災の報道で目にした被災地の方の「自分より他人を考え、ともに支え合おうとする」姿は、執着や我欲から離れた心を垣間《かいま》見せてくれました。誰もがみんなを受け入れ、受け入れられている姿です。本来の心に立ち戻るためのこれ以上いいお手本はない。そんな気がしませんか？

59

人と比べるのをやめる

喫《きっ》茶《さ》喫《きっ》飯《ぱん》

●他人は他人、われはわれ

いつも他人の目が気になるという人がいます。少しでもよく思われたい、格好よく見られたい、という思いがあるからでしょう。それをつくりだしているのは比較する心。同僚の彼女と比較するから、どっちがよく思われているのかな、と他人の評価が気になってしかたがないのです。その結果、自分にプレッシャーをかけることにもなり、負けていると思い込んで落ち込むことにもなる。いわゆる「隣の芝生《しばふ》は青い」という心理ですね。しかし、**他人は他人、われはわれ、ではありませんか。自分は自分になりきることしかできないのです。**

「喫茶喫飯《きっさきっぱん》」はお茶を飲むときはお茶とひとつに、食事をするときは食事とひとつになるという意味。いま自分がいるそのとき、その場所で一所懸命にやるべきことに取り組みなさい、と教えます。仕事のときは仕事のことだけ、遊ぶときは遊ぶことだけを考えたらいい。仕事も遊びもそれとひとつになったら他人の目など気にもならなくなります。比較に縛《しば》られている自分から解放される。人を惹《ひ》きつけるのは、そんなあなたです。

60

いやな経験は「貴重な勉強」ととらえる

【歩《ほ》歩《ほ》是《これ》道《どう》場《じょう》】

●傷ついた経験の上手な手放し方

禅の修行は坐禅《ざぜん》をしたり、お経をあげたりすることだけではありません。寝るのも起きるのも、食事をするのも、仕事も…日常の一切合切《いっさいがっさい》が修行だとするのが、禅の世界です。「歩歩是道場《ほほこれどうじょう》」はそのことをいっています。

人からいわれた何気ない言葉に傷ついた。それを受けとめるのも、もちろん、大事な修行。言葉はいつまでも心を駆けめぐるかもしれません。しかし、一刻も早く忘れることが肝要。とどめておけば、それに振り回されて、一歩も前にすすめなくなります。せっかくの修行が空回りしている、といってもいいかもしれません。

忘れるには傷ついたことを学習経験にしてしまうのがいちばんです。「ああいう言い方をされていやな思いをしたんだから、人には同じような言い方をしないようにしよう」。自分自身が身をもって味わった〝痛み〟ですから、これは生きた教訓として深く胸に刻まれます。もう、恨《うら》み言《ごと》や怒りから離れた自分がいます。

61

群れなくたって大丈夫

行《こう》雲《うん》流《りゅう》水《すい》

●ひとりになるのを怖れない

若い人たちには、たくさん〝仲間〟を持っていることで安心する、という傾向があるようです。しかし、私からすると、そんな集団は絆とは無縁の単なる〝群れ〟にしか見えません。深い人間関係を築こうとするわけでもなく、ただ、群れからはぐれることが不安でつるんでいる。仲間外れになるとイジメられるかもしれない、という怖れもあるのでしょうね。

私の知人の息子さんは、大勢の仲間がいたはずなのに、窮地に陥ったとき、相談できる相手が一人もいないことに気づき、自殺してしまいました。

群れとはその程度のもの。**群れに居つづけるために気を使い、心が縛られるなんてまったくくだらない。**雲は悠々自適として大空を行き、水はどんな地形ものともせず自在に流れています。そのことをいっているのが「行雲流水《こううんりゅうすい》」ですが、これが理想の姿でしょう。

「いつだってこっちからそっぽを向いてやる」。群れとの〝おつきあい〟もそれくらいに考えたら、心がずっと自由で軽くなる。

62

人に迎合するより自分を持つ

【雲去青山露《くもさりてせいざんあらわ》】

●変わり者と思われたっていい

会社でも学校でも、大勢で盛り上がっている輪のなかに入っていけない、という人がいます。入っていけない自分を咎《とが》め、何とか入っていくタイミングを見つけようとして悶々《もんもん》とする。心が乱れますね。入っていかなければいけない、という気持ちに衝き上げられるのは、みんなと共同歩調をとることで、とりあえずぬるま湯的な一体感にひたれるという思いがあるからでしょう。

そんなものは迷いであり、煩悩《ぼんのう》です。煩悩は心を覆い、曇らせます。どんどん自分の本当の心がどこにあるのかが、わからなくなってきます。自分を失い、唯々諾々《いいだくだく》と多勢に与《くみ》する、という生き方になってしまう。輪に入っていく必要などありません。「あいつ、変わってるな」と見られてもいいじゃないですか。**しっかりと自分の心の欲するところを見きわめ、ふんばってでもそれにしたがったらいい。〝自分を持っている〟というのはそういうことでしょう。**「雲去青山露《くもさりてせいざんあらわ》」の禅語が示すように、迷いや煩悩が消えると、本来の自分の心が見えてきます。易《やす》きに流れる烏合《うごう》の衆《しゅう》でいるより、魅力的な生き方がそこにあります。

63

自分を理解してもらおうと思わない

独聴松風《ひとりしょうふうをきく》

●「本来の自分」はどこにいる？

「誰も自分をわかってくれない」という不満の声を耳にします。わかってもらおうとして、それが果たせないからフラストレーションがたまる。ここで質問です。あなたにはわかってもらいたい、〝たしかな自分〟がありますか？　おそらく、自信を持って「これぞ本来の自分だ」といいきれる人はほとんどいないのではないでしょうか。

風が松の葉を揺らす音はほんのかすか。それでも、坐禅などをしているとこれが聞こえる。心から雑念が取り払われ、松風の音と一体になって、何とも心地のよい感覚になるのです。それがこの禅語がいう境地です。**そのどこまでも静かに澄みわたった心が、本来の自分ということです。いったんそれを掴むと、わかってもらうとか、もらわない、といったことはどうでもいいことに思えてくる。**坐禅まではしなくても、朝早く起きてしばしの時間、鳥の声や風のそよぎに耳を傾けてみてください。だんだん心が静かになっていく感じがわかるはず。さぁ、本来の自分を掴むまで、もうすぐです。

64

真の相談相手は心のなかにいる

【他不是吾《たこれわれにあらず》】

●悩みを解決できるのは、自分だけ

私たちはさまざまな悩みを抱えて生きています。
たとえば、過去の失敗について悩み、未来の不安を悩む。しかし、すんでしまったことや、してしまったことは、いくら悔いてもその事実が変わることはありません。また、何が起こるかわからない未来のことに、あれこれ思いをめぐらせ、心をすり減らしたって、その悩みに実体がないのだから、これも意味がありません。

過去でも未来でもない、現在の悩みを誰かに解決してもらおう、解決するためのヒントが欲しい、というのも少し違う気がします。

禅語「他不是吾《たこれわれにあらず》」は他人は決して自分にはなりえないのだ、と説きます。どんなに親しい間柄であっても、他人に解決を委ねたり、他人の言葉にしたがって解決しようとしたりしたのでは、本当の解決にはならないのです。

真の相談相手は自分の心しかない。心と真っ向から向き合って、その語るところを聞いてください。

65

自分を頼りにして生きる

自灯明《じとうみょう》

●寂しさの連鎖から抜けだす方法

独りぼっちという感覚は、寂しくて堪え難いものなのでしょう。誰かとつながっていたいからと、多くの時間を携帯やメールに費やす。しかし、どんなに頻繁にメールをやりとりしても、それは上辺のつながりでしかありません。やりとりが途絶えれば、すぐにも、また、いっそうの寂しさに襲われます。

お釈迦《しゃか》さまが入滅される直前、ずっとそばに仕えていた阿難《あなん》尊者が尋ねます。「(あなたという)師が亡くなったあと、私たちは何を頼りにして生きていけばよいのでしょう?」。お釈迦さまはこう答えます。「自灯明《じとうみょう》　法灯明《ほうとうみょう》」。自分自身を拠り所にして生きていけばいいのだよ、ということですね(法灯明はお釈迦さまが伝えた教えを拠り所にせよ、ということ)。

誰の心のなかにも拠り所となる自分がいます。良心という言い方をしてもいいかもしれません。それを最高の伴侶として生きていけば、寂しいことなどありません。もちろん、独りぼっちでもない!

66

「愛する」から「愛される」

【一花開天下春《いっかひらきててんかはるなり》】

●「愛されないのはなぜ？」と嘆く前に

誰かに愛されていると感じることは、生きるエネルギーにもなりますし、心の支えにもなります。逆にいえば、愛されていないという思いは、生きていく力を萎ませることになる、といってもいいでしょう。では、なぜ自分が愛されていない、と感じるのか。

私は生きる姿勢が大きくかかわっている、と思っています。誰かが愛してくれるのをただ待っている。つまり、いつも受け身で、自分が主体的に生きること、みずから誰かを愛することを怠《おこた》っているのではありませんか？

この禅語が意味しているのは、開いた一輪の花に春そのものがおさまっている、一輪の花がそれだけで春のすべてを現している、ということ。**自分が主体となって誰かを愛したら、愛というもの、そう、愛することも愛されることも、わかってくるということなのです。**

「なぜ、自分は愛されないのか」と嘆《なげ》く前に、いっぱいの心で誰かを愛してみませんか？

67

「悪く思われている」のは思い込み

【放下着《ほうげじゃく》】

●悩みはあなたがつくりだしている

友人でも会社の同僚でも、何人かが集まって話をしていると、「もしや、自分の悪口では…」と気になったりしたことがありませんか？　ほとんど思い込みなのですが、いったんこれにとらわれると厄介です。思い込みが思い込みを生んで「また、悪口を！」と始終考えるようになり、やがては身動きがとれなくなって、自分の居場所さえ失ってしまうことにもなります。

しかし、自分が思い込んでいるほど、他人が自分を話題にするなんてことはないもの。身動きをとれなくしているのは、ほかならぬ自分自身です。

禅語の「放下着《ほうげじゃく》」は、思い込みやこだわりなどは放っておけ、そんなつまらないものはいっさい捨ててしまえ、と教えています。

思い込み、こだわり、わだかまり…といったものは心にのしかかってくる重荷です。何も自分からわざわざ背負《しょい》い込むことはありません。さっさと放り捨てて心軽やかに生きましょう。

68

人のアドバイスの「真意」を受けとる

【無心是我師《むしんこれわがし》】

●「他人のひと言がうっとうしい」と感じたら

会社では上司に叱咤激励《しったげきれい》され、家に帰れば親や家族から何くれとなく注文をつけられる。「あぁ、うっとうしい」という気分になることもあるでしょう。

うっとうしいと思うのは、上司や親の発言、行動が心にわだかまってしまうからです。自分を心配してくれるからこそ、よかれと思うからこそ、いってくれる言葉やしてくれる行動でも、わだかまりのある心ではその「真意」を受けとることができません。

禅語は、**わだかまりも思惑も、あるいは、迷いや疑いもない心でいると、自分のやるべきことが明らかになる、**といっている。うっとうしさを吹き飛ばすくらい集中して、目の前にあることに取り組んでみることです。

そうしているうちに、心からわだかまりが剥《は》がれていきます。そして、何もない心になったら、真意がストンとその心に落ちてきます。「あんな言い方だったけれど、応援してくれているんだ」。あとは、ありがたく受けとっておけばいいですね。

69

怒りは「頭」で考えない

元《がん》来《らい》不《ふ》識《しき》

●感情に振り回されない極意

この禅語は、禅宗の開祖である達磨大師《だるまたいし》のエピソードから生まれたものです。六世紀初頭にインドから中国に渡った大師は、あるとき、時の皇帝・武帝《ぶてい》と会います。仏教の擁護に熱心だった武帝が、みずから望んで面会を求めたのです。武帝は大師の力量を見きわめようと、問答をしかける。まず、自分はこれまで数々の寺を建て、写経に励み、僧にも多くの供養をしてきた。そんな自分にどんな功徳《くどく》があるのか、と問うわけです。

大師の答えは「無功徳《むくどく》」。功徳など何もない、と断じたのです。

次に武帝は、仏教の教えでもっとも聖なるものは何かと尋ねます。ここでの大師の答えが「廓然無聖《かくねんむしょう》」。聖なるものなど何もないよ、というのがその意味です。

意気込む武帝を大師が〝手玉〟にとっているかのような光景ですが、武帝は重ねて問いを発します。功徳も聖もないという、私の前にいるあんたは、いったい何者なのだ、と問い詰めたのです。

「不識《ふしき》」、知らん、というのが大師の答えでした。真実の自分など、思慮分別でいくらはかったところで、わかるものではないのだよ、というのが大師のいわんとしたことでしょう。はかれないのだから、思慮分別などはやめ、ただ坐禅をする。曹洞禅の「只管打坐《しかんたざ》」（ただすわる）はそういうことをいっています。

さて、私たちの日常にも思慮分別を超えて行動することがあります。突然、わき上がる喜怒哀楽の感情に任せた行動などは、その典型といえるかもしれません。熟慮してから喜んだり、怒ったりする、ということはありませんね。

なかでも扱いにくいのが怒りです。相手のちょっとした言葉や態度にむかっ腹が立った、という経験は誰にでもあるでしょう。思わずこちらも、きつい言葉を投げつける。いわゆる、売り言葉に買い言葉という展開です。

しかし、これではおたがいに譲れなくなって、気持ちの溝が深まり、大きな摩擦へと発展してしまうことにもなります。

受けとった感情を頭に持ち上げるから、咄嗟に思慮分別を超えた行動がでる。いわなくてもいいことをいってしまうのです。ここは、しばらく腹にとどめて

感情に〝知らんぷり〟を決め込むのがいい。たとえば、深呼吸をしてみるのもいいでしょう。

ずいぶん前になりますが、曹洞宗大本山總持寺の貫主をつとめておられた板《いた》橋興宗《ばしこうしゅう》禅師から、こんなお話をうかがったことがあります。**怒りの感情が起きても、「頭で考えるな」**というのです。禅師がおっしゃっていたのは、

「ありがとうさん、ありがとうさん、ありがとうさん」

と腹のなかで三回唱えるのがよろしいということでした。唱えることだけに集中して、間を置いてみるのです。すると、感情はしだいに収まっていって、ほどなく腹から消えてしまう。頭は知らんぷりをしたまま、感情がどこかにいってしまいます。

なにも「ありがとうさん」にこだわることはない。自分で決めたお気に入りの言葉を、ここいちばんでの〝お題目〟にしたらどうでしょう。実践してみると、その効果が絶大なことがわかります。

70

「昔の自分」はもういない

前後際断《ぜんごさいだん》

●過去を裁ち切り「いま」を生きる

禅語の「前後際断《ぜんごさいだん》」が意味するのは、昨日は昨日（過去は過去）、今日は今日（現在は現在）、明日は明日（未来は未来）であり、それらは連続したものではない、ということです。道元禅師はこの言葉を薪と灰を例にあげて説明されています。

「たき木、はひとなる。さらにかへりてたき木となるべきにあらず。しかあるを、灰はのち、薪はさきと見取すべからず。しるべし、薪は薪の法位に住して、さきありのちあり。前後ありといへども、前後際断せり…」（現成公案《げんじょうこうあん》）

この一節の意味はおよそ次のようなことでしょう。

薪は燃えて灰になる。灰になったら、またもとに戻って薪になることはない。このことから、灰は後、薪は先（先に薪という姿であったものが、燃えた後に灰という姿のものになる。つまり、薪と灰はつながっている）、という見方をしてはならない。薪はあくまで薪であり、前の何かが薪になり、薪が後の何かになるわけではない。前後から切り離されて、薪というものの存在があるのだ。

もう少しかみ砕いていうと、薪は薪であり、灰は灰であって、どちらも独立している、薪は灰の前の姿ではないし、灰は薪の後の姿でもない、ということでしょう。道元禅師はまた、季節を例にひいて、冬が春になるのではなく、春が夏になるのでもない、という言い方もしています。時の流れのなかでつながっているようでも、季節もそれぞれ前後から切り離されているのです。

私たちは過去、現在、未来、という時間の流れのなかで生きています。しかし、たったいま生きている現在は、過去とも未来とも切り離されています。過去の「後」を生きているわけではないし、未来の「前」を生きているのでもない。

そのことがわかれば、いたずらに過去にとらわれることがなくなります。私たちは知らず知らずのうちに、過去を引きずっていることがあるもの。たとえば、人に裏切られたりすると、人間関係を持つことを怖れるようになったり、嫌悪するようになったり、することがあるでしょう。相手が仕事関係の人間や友人だったりすれば、その後もつきあいをつづけなければならないということもある。それが悩みにもなりますね。しかし、裏切られた自分は過去の自分、過ぎ去ってしまった自分です。

いま生きている自分はその過去に戻ることはありません。いまどう生きるかだけが問題なのです。そうはいっても、なかなかスパッと気持ちを切り替えられるものではないかもしれません。

そうであったら、こう考えたらどうでしょう。過去に裏切られたという事実があるにしても、このいまを、相変わらず〝裏切られた人間〟として、肩をすぼめて生きるのですか？　誰でもそんなことはまっぴら御免でしょう。

「過去など関係ない。自分はいまをめいっぱい生きてやる」。そのほうが、断然、格好いいじゃないですか。裏切った相手にも、堂々と接し、真正面から見据えてやればいい。

いまを毅然と生きていたら、相手はもうぐうの音《ね》もでません。おそらく、どんどん自分が惨めになっていくだけです。そう、器の違いを見せつけてやればいいのです。

71

「ひとりではない」ことを知る

把手共行《はしゅきょうこう》

●私たちはいつも〝友〟とともにある

人が一人で生きられないことは、誰もが知っています。大勢の人とかかわりながら生きていくのが人生。なかでも頼りになるのは心から信頼し合える友人です。禅では「把手共行《はしゅきょうこう》」、その〝友〟と手を取り合って人生を歩いてゆきなさい、と教えています。揺るぎない信頼関係にある友人を一人でも持つことは、おおいに価値のあることですが、この禅語にはさらに深い意味があります。

心のなかの本来の自分と出合い、その心とともに生きなさい、というのがそれ。折りにふれ、「そうしてよかったの？」「ほんとうに正しいことをした？」と問いかけてくるもの。それが本来の自分、すなわち、心のなかの仏です。これにまさる友はいない。

心のなかに仏があることに気づき、その心といつも手を取り合っていたら、これほど安心な人生はありません。お遍路《へんろ》さんの笠にある「同行二人《どうぎょうににん》」は弘法大師《こうぼうたいし》と一緒に歩いているということ。私たち一人ひとりも仏とともにいることを知ってください。

本書は『人間関係がシンプルになる「禅」のすすめ』（二〇一一年・小社刊）を大幅に改編したものです。

青春文庫

「その関係《かんけい》」は あなたが思《おも》うほど悪《わる》くない

2013年12月20日　第1刷

著　者　枡《ます》野《の》俊《しゅん》明《みょう》

発行者　小澤源太郎

責任編集　株式会社プライム涌光

発行所　株式会社青春出版社

〒162-0056　東京都新宿区若松町 12-1
電話 03-3203-2850（編集部）
03-3207-1916（営業部）
振替番号　00190-7-98602

印刷／大日本印刷
製本／ナショナル製本

ISBN 978-4-413-09587-7

ほんとうのあなたに出逢う　青春文庫

知らなきゃ損する！「NISA」㊅入門

藤川　太［監修］

話題の少額投資非課税制度、そのポイントとは？　押さえておきたい情報だけをこの1冊に。

(SE-585)

この一冊で「伝える力」と「学ぶ力」が面白いほど身につく！

知的生活追跡班［編］

人の気持ちを「グッ」と引きつけるワザがぎっしり!!

(SE-586)

「その関係」はあなたが思うほど悪くない

人づきあいがラクになる「禅」の教え

枡野俊明

「人」から離れるのは難しい。でも「悩み」から離れることはできる。

(SE-587)

データの裏が見えてくる「分析力」超入門

おもしろ経済学会［編］

こういう「モノの見方」があったなんて！　仕事で差がつく！　世の中の仕組みがわかる！　ビッグデータ時代の最強ツール！

(SE-588)